说服力的
十堂课

PERSUASION
IQ

The 10 Skills You Need to
Get Exactly What You Want

［加］科特·W. 莫滕森　著
Kurt W. Mortensen

高天亮　译

九 州 出 版 社
JIUZHOUPRESS

在此，我向我挚爱的妻子丹妮塔致以深深爱意和无限感激。正是因为她，我才有今天的成就。我也想感谢我的孩子布鲁克、米歇尔、贝利和麦迪逊，他们不仅对这个项目，也对我的人生提供了支持，倾注了爱意。家庭让人生美好，让追求梦想的步伐更加坚实有力。

对于所有促成《说服力的十堂课》成为现实的人们，我谨致以最深的谢意。

我想特别感谢说服力研究院的客户和合作伙伴，是他们让这项研究成为可能。感谢我的同事、父母、朋友、老师、研究参与者和助理对我一如既往的帮助。感谢你们在我们传授和测试这些想法的过程中的帮助。我感谢所有相信我的人，同样感谢那些不相信我的人。

感谢史蒂芬·奥尔逊、迈克·雷、泰勒·鲁比、艾伦·卡丁、丹·麦瑞克、大卫·博德、杰克·辛普森、杰森·丹尼、吉尔·沃特斯、约翰·索伦森、鲁斯·凡特、基欧娜·特欧、罗伦·皮特森、娜塔莎·马尔肯、佩里·维克菲尔德、罗勃·威勒、塞斯·艾尔斯沃斯、金·斯科特、嘉文·普尔顿、迈克·卡特、朱德·辛普森、扎拉德·斯维尔、科特·雅各布森、迈克尔·杰克逊和吉姆·布鲁斯特。

成功人士缘何成功？为何有些人坐拥财富，而另一些人却没有这么幸运？我们如何预测哪一类人终将成功，哪一类人勉强维生，哪一类人将面临失败？我们如何量化成功人士的特质？

故事要从 1905 年讲起，法国心理学家阿尔弗雷德·比奈（Alfred Binet）开发了首批智商测试中的一种。过去多年中，很多科学家都试图解释智商与未来学业和个人成就之间的关联性。结果却发现，高智商并无法确保人生成功。

智商是一个重要特质，但是智商有多种类型。美国教育心理学家霍华德·加德纳（Howard Gardner）发现，智商有多种类型，个体在这些不同的方面都展示了不同的水平。成功人士具备哪些类型的智商呢？哪些是与生俱来的，哪些是后天习得的？

后来，研究者们发展出了"情商"的概念。丹尼尔·戈尔曼（Daniel Goleman）的开创性著作《情商》，阐释了成功不仅需要智商，也需要情商的道理。情商一般以情绪商数为标准进行测量，描述的是观察和评估情绪，以及管理个人、他人和团队情绪的能力。

我的研究证明，成功需要的不仅仅是智商和情商。拥有人生幸福和财富的人同时也需要具备高超的说服、影响、推销、谈判、动员、领导以及理解人性的能力。这些能力不是我们在学校里能学到的，但为追求成功，我们必须掌握这些能力。有些人称之为"生存能力"，我则称之为"说服力商数"。研究表明，获得财富和成功的人士总是拥有极高的说服力商数。

提高说服力商数对成功而言至关重要，本书可以给你一些引导。这本书可以提高你的收入，改进你的人际关系，甚至影响你的整个人生。本书每章都阐释了各行各业卓越说服者的特质，这些结论是在 17年研究的基础上得出的。不是纸上谈兵，也不是道听途说，我提供的是在实际生活中具有可行性的技能。在本书中，我总结了我的全部研究结论，提炼出了易于理解和应用的技巧。

从根本上讲，我们希望每个人都能听从我们，按照我们的意愿行动。我们每天不是在说服别人接受我们的想法，就是在接受别人的说服。社会教我们利用威胁、强迫、控制、强力和偶尔的妥协去实现我们所想。但是，如果我们可以拥有长久的影响力，为什么要满足于权宜之计呢？说服的本质已经改变，我们必须调整说服技能才能适应新世界的要求。卓越的说服者会潜移默化，以一种被说服者希望被说服的方式去说服。在如今的社会，大家警惕性都很高，任何过时的说服方式都会遭到拒绝。

缺乏说服力和信任感的过时说服方式，加上落后的人际交往能力，每年会导致数以亿计（美元）的营收损失。那么，缺乏说服力或者说服力商数过低会给你带来多大的损失呢？现在就开始抛弃过时的技巧，来提升新技能吧！

第十章　**说服力技能 8**

第十一章　**说服力技能 9**

什么是你的说服力商数

取得成功、获得财富的新规则

我们怎样才能在任何情况下都以强有力的方式说服他人？思考一下，你上次未能实现愿望是在什么时候？发生了什么？是因为观点未能很好传达吗？过去 20 年里，我们对说服力和影响力的理解发生了巨大的变化。过去，我们并不关注客户如何想，是什么促成了他们的购买行为或某种行动。很多销售和营销从业者可以说是在黑暗中摸索。我们希望我们所做的研究能帮助他们。如同艾奥瓦医学院的安东尼·达马西奥所总结的："20 世纪 90 年代成为所谓的'脑科学时代'，在这一阶段，人们对大脑和思维的研究和发现远超此前心理学和神经科学历史上的总和。"

每个说服者都有过丢掉一个合作伙伴、客户甚至一个朋友，搞砸一桩生意，关掉一个账户的体验。你肯定也遇到过这样沮丧的时刻。无须多言，这会让你很痛苦。但问题是，你应该去怪谁、怪什么呢？在这种情况下，你付出了金钱或精力，却倍感尴尬，心烦意乱，还会因为自己不悦而迁怒别人。当你开启一段新的职业生涯，开始一桩新业务，尝试某些新事物，这期间总是有风险存在。当事情不符合预期时，你的下意识反应往往是："好吧，这么做不管用。"我想说的是："不，这次是不管用，但我知道你可以做点儿什么，让它管用。"在你的领域或行业内有成千上万的人，他们遇到了与你同样的情形（甚至更糟），拥有与你同样的智商（多数时候还不如你），但他们成功了。

造成勉强合格和卓越成就之间差别的不是"车辆"（或者事业、房地产、网络营销、互联网、委托销售和其他），而是"汽油"（说服力、社交能力或自我控制力）。

说服力可以帮你实现下列目标：

- 迅速读懂他人
- 迅速获得信任
- 促使他人迅速采取行动
- 谈成更多合作
- 抢先对手成功
- 赚取应得的报酬
- 让他人接受你的观点
- 一次次听到那个神奇的词"好"
- 加速事业成功
- 扩展人脉
- 赢得谈判
- 愿望成真

说服力是那些最成功的人们拥有的最基本的技能。停下来仔细想想，你会发现你人生中希望得到的一切都是说服行为的直接结果。说服力研究的一位著名专家博恩·崔西（Brian Tracy）表示："那些不能展示自己想法或者推销自己的人几乎没有影响力，也无法受到高度尊重。"与此论断相反的事实是，如果你可以有效展现自己的想法并说服他人，你将拥有更强的影响力，获得更多尊敬。

你知道吗？美国各大公司的首席执行官中拥有销售或营销背景的人数远高于其他。成为大公司的首席执行官或许不是你的目标，但是不论你的职业选择和职业目标是什么，说服力都是帮助你获得成功的一把钥匙。那些专门从事说服行业的人，比如销售或营销专家，是最受雇主欢迎的。父母、教师、领导者、经理、企业家、雇员和销售人员都需要说服技能。且不论实际工作是什么，我们都在为了谋生而试图说服他人，销售某些东西。

在研究成功和财富20余年后，拿破仑·希尔（Napoleon Hill）发现，最富有的人群共有的技能和习惯恰是普通人不具备的。那么，成功人士到底具备哪些习惯、技能和特质呢？希尔出版了两本畅销书《思考致富》（*Think and Grow Rich*）和《说服力让你成功致富》（*Succeed and Grow Rich Through Persuasion*），在这两本书中，他表示说服力是最重要的技能之一，可以帮助人们挖掘最大潜能。

你面临的具体的说服任务可能是销售一件产品，有效展示一个想法，进行一次商务谈判，获取一次晋升，影响他人并使其自我改善，或教育一个问题少年。不管是何种具体问题，说服力都是制胜关键。说服力对生活各方面而言都是一把钥匙。下面是我们每天都会遇到的需要进行说服的场景。

角色	说服目的	听众
父母	引导	孩子
销售人员	成交	潜在消费者
客服代表	销售	客户
公司管理者	招聘	雇员
领导者	影响	追随者
教练	训练	队员
广告从业者	培养	购买者
演讲者	启发	听众
企业家	赢得	消费者
营销人员	说服	消费者
导师	指导	学生
政治家	劝服	选民
企业	确保	买家
牧师	启蒙	教众
医生	提供专业咨询	病人

这个列表还可以继续列下去。重点是我们发现，不论是在公开场

合还是私下，我们一直都处于试图说服他人的情境之中。你的说服力商数是多少？你的说服力和影响力在你身边的人中可以排到多少名？如何从说服力平平的人变成说服力大师？

一个男人和他崭新的 SUV

在买了一辆闪亮的红色 SUV 后，车主既感到兴奋，同时又因为巨大的花销而感到焦虑。买这辆车是让他有些捉襟见肘，但是坐上车又让他感到很爽。这种感觉真好。他确信这辆车会带来很多机会，会成为很多好事的起点。经济上是紧了点儿，但是他觉得投资的每一分都值得。两周后，汽油指示灯亮了，他很自然地开车去加油站加油。令他万分惊愕的是，他看到表上的金额从 20 美元蹦到 30 美元，再到 70 美元，最终停止在 82.77 美元。真是拦路打劫啊！他心里想。太不公平了，汽油这么贵！他发誓再也不买汽油了，并确实再也没买。他的车停在路上，崭新、闪亮、一动不动，因为他坚决拒绝给车加油。

寓意： 不管你拥有的是何种汽车（职业），如果你不加油（说服力和人际交往能力），你哪里也去不了。

汽油是汽车的关键（无论成本几何），正如说服力是你事业的关键。很多人很愿意立即了解如何在各种情形下说服和影响别人。假设你在与朋友、客户或销售对象交谈，但你无法让他们信服你的观点。现在，想象一下，你可以购买一罐说服力喷雾喷向那个人，使其立即改变想法，同意你的观点，那将意味着什么？你愿意付出什么价格来购买这罐喷雾？想象一下，如果你能够拥有轻而易举就说服别人的能力，你的生活会变成什么样？

你可以掌握说服的科学和艺术

好消息是，你完全可以通过学习掌握说服技能。你会发现，不管是个人、公司还是企业，只需要付出少量的努力、时间或金钱就可以用这些重要技能武装自己。掌握了这些技能以后，个人的收入、公司的利润会大幅增长，你收获的那些客户、顾客和朋友将成为你终身的客户、顾客和朋友。这时，我常常会被问道："我要花多少钱才能掌握这些说服和社交技能？"我想转变一下问题的焦点。如果你不具备这些技能，你会多花多少钱？

我为什么要投入我的一生去理解、掌握和教授说服力？原因是，回想起我在大学里和之后进修商科时都没有学到这些技能，我很生气。是谁或者什么让我失败了？如果说服是通向成功的技能，那为什么不能在学校或其他场合习得它们？为什么我得到的是毁掉成功和财富之树的斧子？为什么我得到的是错误的工具？为什么这些技能要在饱受打击后才能习得？

我无比渴望掌握这无价的说服技能。我读遍了我能找到的所有相关的图书，参加了数不清的关于说服力、领导力、谈判和销售的研讨会，研读了数以千计的关于人类行为和社会心理学的研究报告，听遍了各种关于说服力、动员方法以及影响力的录音带和CD。我得到了大量有用的信息，但发现还是有些缺失的部分。所有的研究、项目、图书、演讲者都有很多好想法，但我找不到一个将它们整合在一起的源头。

我感到很沮丧，于是决定自己将研究推到更高水平。我研究了无数的销售展示、客户招揽和调研活动。我听过电话销售话术，忍受了很多过时甚至带冒犯性的"说服技巧"，见证了无数次成交。我站在销售和销售管理的角度去思考到底是什么在起作用。我找出最顶尖的说服者，去研究是什么让他们成功说服了别人。我不仅观察顶尖的说服者，我还观察听众，看听众喜欢什么，不喜欢什么，为什么被说服或未被说服。

我根据研究结果，成立了说服力研究院，将我的研究发现进行了归类，并与人们分享说服力的秘密，帮助他们挖掘人生中最大的潜能。自成立以来，说服力研究院已经开展了 2 万余项说服力商数评估活动。我在这里的作用是教给你卓越说服者的能力和技巧。卓越说服者拥有怎样的天分、属性、特征、习惯和思维方式？水平一般的说服者如何成长为优秀的说服者？我还会帮助说服者去理解他们的听众。在你说完之后，我会与你的客户交谈。为什么他们会敷衍你，不给你回话，躲着你，走开，不接受你的观点？我能发现其中玄机，并帮助你提高你的说服力和影响力。

学会如何说服和影响他人会让你希望收入增加的梦想成真。问问你自己：由于缺乏说服力和影响力，我损失了多少？当然，你看到了一些成绩，但是想想那些你无法成功的时候。是不是有些时候，你无法让别人信服你的观点？是不是有些时候，你无法说服别人做一些事情？

我在网上和研讨会上向世界各地的人们提过这个问题："说服力的缺乏到底让你或你的职业损失了多少？"答案令人难以置信，人们认为他们损失的金额合计高达 430 万美元。随着时间推移，他们丢掉的所有机会 —— 包括人际关系、生意、升职机会 —— 滚雪球般导致了如此大的损失。随着我对这一课题研究的深入，我发现那些精通说服和影响他人的人能够掌控他们的收入，什么时候都能毫不费力地找到工作，开启一项事业，或领导他人。

破解说服力的密码

经过 17 年的学习、研究和实践，说服力研究院的说服力商数评估破解了说服力的密码。我们的发现和掌握的信息将帮助你养成核心习惯，获得高说服力特质，掌握说服技能，成为一个战无不胜的强大的说服者。我们已经为你做好了知识搜集、概念建构和解说的工作，可以提供你目前能找到的最全面的说服力资源。

你认为你已经足够有说服力了吗？研究表明，多数说服者仅会反复使用三四种说服技巧；就连更高超的说服者都只会使用七八种。这真是一种巨大的浪费。你知道有一百多种说服工具和技巧其实是唾手可得的吗？

如果将说服看作一架钢琴，多数人只会使用其中的几个键弹奏一曲儿歌，但事实上，他们可以使用所有的琴键来弹奏莫扎特。

过去的说服力训练已经无法满足如今快节奏工作的需要，继续学习是精通说服技巧的第一步。你的听众需要的不是一个产品推销员，他们也不想听到烦人的车轱辘话。真正的说服旨在创造一生的客户和朋友。我们不是为了迅速卖掉一件商品，结果却让顾客不满意，纷纷退货或退款。我们也不是为了眼前的妥协。那种类型的说服只会带来长期的憎恶、反逆心理和挫败感。

我们是无法通过技巧和花招真正赢得人心的。事实上，人们对技巧和花招已经无比厌倦。《纽约时报》调研发现，56% 的人认为与人打交道时不可掉以轻心，34% 的人认为多数人只要有机会就都想占点儿便宜。当被问到如何看待说服者或销售人员时，只有 32% 的人回答："我对销售人员的看法是积极的。"

我们遇到的挑战是，多数说服者都坚信他们拥有高说服力的特质，但当我们去问与他们互动的人们时，却会得到完全相反的答案。不管你需要说服他人的领域是什么，大多数听众（不论是雇员还是客户）都会用下面清单里的表述来形容你：

自说自话	声音过大	居高临下
浪费时间	夸大其词	不善倾听
虚情假意	死缠烂打	所言不实

过于谄媚	语速过快	试图控制
缺乏诚信	言行不一	自我中心

他们也可能抱怨你存在下列问题：

缺乏沟通技巧	过于自来熟
误导他人	指责他人
缺乏跟进	假意关心
承诺而无法兑现	问侵犯性问题
恶意中伤对手	紧盯钱包不放
缺乏人际交往能力	对业务不熟
无效寒暄	使用明显的谈判技巧

现在的说服者为何会获得这么多消极评价呢？第一，大众的受教育程度远高于以前，也就是说我们具备了更加敏锐的洞察力。第二，我们每天都在受到无数说服和推销信息的轰炸。我们不去寻找，这些信息也会不请自来。平均来讲，一个美国人活到 20 岁时大概已经看过了 100 万条电视广告。面对这样持续的营销信息冲击，谁不会感到不胜其扰呢？面对日常的说服尝试，我们都已经感到麻木了。

所以，最好事先知道这些事实。很多人都认为说服者说得太多，承诺了太多，缺乏售后，只关心自身利益，贪得无厌，控制欲强。对不起，事实就是如此。

这些事实对你这个说服者而言意味着什么呢？意味着你需要抛却旧技巧，尝试新技巧。你要忘记所有过时的技巧、陈词滥调和刻板印象。你需要的不是拙劣的小伎俩，也不是强迫、唠叨、恐吓或软磨硬泡。这些所谓的说服技巧根本不是什么说服技巧。它们或许起初还有点儿作用，但效果只是暂时的，你的听众会迅速失去兴趣。在现在这个社会，我们面对的要求越来越挑剔，耐心越来越少。

比起学习技巧和策略，说服者更应该学习如何将自己转变为一个具有自然渗透力的说服者。你本身就是说服力的代表，而不是靠堆积技巧硬撑起来的。你才是货真价实的主体。那些被完美地融合到你人生中的属性、才能和特征决定了你具有说服力。说服力是最关键的技能，是一种在任何情境或职业中都可以进行适配的技能。高水平的说服力能够让你在任何工作、任何情境、任何商业实践中取得成功。

在一次飞行中，我与一位男士进行过交谈。他正面临一个重大但同时也很常见的挑战。他一直想成为一个企业家，拥有自己的事业。他知道，只有拥有自己的事业，自己成为自己的老板，才可以拥有个人自由，实现财务独立。他以优异的成绩获得了学士学位，并针对自己的商业想法做了大量的研究。他写了完美的商业计划。每个人都认为他的点子很妙。看起来，他不可能失败。但是，他却犯了一个致命的错误，就是误以为他的学位和大量研究足以让他成功。结果表明，学位与人生成就之间并无关联。

而且，这位邻座的先生还忘了关键的一点——结果也证明，那个被他忽略、阻碍他事业成功的关键点是他最致命的阻碍。他认为他具备说服力和社交能力，但他的潜在客户却不这样认为。他不具备与人建立联系的能力。他无法说服别人信服他并信任他的服务。他告诉我，因为这点，他蒙受了巨额的经济损失。这件事让他感到极其沮丧和绝望。因为他获得了学位，做足了功课，他期待成功。就算每一个细节都被处理到位，如果缺乏说服和沟通能力，我们依然会前功尽弃。我们可以成为各自领域内的专家，但是没有本书将要介绍的核心能力——说服力，我们是无法成功的。

忽视说服力的现象在美国十分常见，尤其是在企业界。你知道96%的初创企业在成立 5 年内就会销声匿迹吗？为什么会这样？美国小企业管理局（Small Business Administration）和我们的说服力研究院分别研究了其中的原因。两个组织都花费了大量时间和金钱，希望能够找到问题的症结所在。最终，两个组织得出了同样的结论：销售业绩不佳导致了失败。邓白氏公司（Dun and Bradstreet）也得出了同

样的结论，他们将这种失败称为
"管理无能"，也就是说，负责这
些企业的经营者对自己的工作内
容理解不足。更具体地说，研究
者发现企业经营者最明显的不足
在于销售和营销方面。

> 做生意时，最强大的
> 能力是与人相处并影响他
> 们的行为。
>
> ——美国革命家约翰·汉
> 考克（John Hancock）

那些曾失败的创业者不知道
该如何去说服别人采取行动或使用自己的产品和服务。换言之，销售
成绩拯救一切（假设你确实有好的产品或服务）。而且，多数人被辞
退或降级的原因就是缺乏与他人沟通和共事的能力，这并不是什么秘
密。换言之，他们因为缺乏社交能力和说服力而丢了工作。

颇具反讽意味的是，那些辞退此类员工的企业经营者或者高层管
理者并不知道如何改善这种情况。他们以为他们知道，但事实上往往
会采取错误的解决方案。当被问起卓越说服者具备的核心特质时，他
们会列出很多技能和品质，但是令人惊奇的是，没有一条命中。我们
会听到他们说，最关键的是毅力、沟通能力、智商、天资、社交能
力、对产品的了解以及组织能力，但这些都不足以解释为什么有些人
可以成为卓越的说服者，而另外一些人却掌握不了说服技巧。

卓越说服者的特质

在问到说服大师的共通特质时，我们得到的答复很有趣。有一些
不言而喻，而另外一些可能会令你感到意外：

信息充分	善于沟通	决心坚定
教育良好	工作勤奋	表达准确
知识广博	严格守时	谦虚内敛
诚实守信	结果导向	敢于认错

讲究条理	善于共情	真挚真诚
善于合作	坦白直率	有创造力
适应力强	值得信赖	性情和善
善于倾听	待人友好	人格魅力
坚韧不拔	积极主动	持续学习

诚然，这个列表看起来很棒。所有人都希望自己能拥有这些特质。但是，那些拥有卓越说服力的人并非具备这里的全部特质。消费者或者我们定义的"卓越说服者"的形象可能与现实情况相去甚远。那么，这些人到底具备哪些特质呢？

很多人都很像我在飞机上遇到的那位男士。他们目标远大，勤奋工作，在事业上花费了大量的时间和精力，然而事倍功半，甚至毫无所得。一个人如果缺乏正确的思维方式、极佳的说服力或社交能力，其他特质都意义不大。K. A. 埃里克森（K. A. Ericsson）的一项研究表明，一个人的说服力与智力无相关性。为什么那么多人都不具备说服力呢？对大多数人来说，说服力并非天生，而是可以习得的。然而不幸的是，多数大学并不开展这项教学，并不教授学生说服别人、进行推销或改善人际关系的方法，因此，依靠正规教育来提升这些基本的商业技能通常只是奢望，甚至在商科项目中也很难。

《华尔街日报》（*Wall Street Journal*）曾撰文强调在工商管理硕士项目中加强说服力和销售能力训练的重要性。结果发现，在多数高等院校里，这些方面的训练几乎为零。你如果缺乏这些基本能力训练，又如何能够驾驭事业和生活并取得成功呢？推销、市场营销、达成交易、有效表达自己的想法、理解消费者行为、进行展示、感染他人、获得客户、获得投资这些方面的能力都是通向成功的门票。如果你拥有卓越的说服力，那么你自己就可以给自己开出一张张通行证。

如果你决定花费时间和精力来提升这些能力，那么请首先聚焦能够给你带来最快和最大改进的能力——说服力。当你开始磨炼自己的说服力时，你会发现你的其他能力会同时得到提升，因为你的说服力会为自己带来更多人脉和资源。当这些自然而然发生时，你会发现勤奋工作已不再是件辛苦的事。你会发现你不再强迫自己去实现一个目标，而会饶有兴致地推动你的工作。在我们的说服力工坊中，我问那些营销人员和企业家，他们是否希望收入翻倍？当然，他们当然想。很快他们就发现，收入翻倍的途径是让努力翻倍或让说服和影响他人的能力翻倍。

为什么那么多需要说服力的人没能与时俱进？为什么他们依然在使用已经过时甚久的工具？你是这些人中的一员吗？当你与潜在客户、现有客户或你的下属会面时，你受欢迎吗？还是会招致敌意？你是一个令人讨厌的人？一个产品推销者？一个好说话的人？你应该好好想想这些问题。很多人认为他们是受欢迎的客人，但相关研究证明，事实上他们在其他人眼里令人厌烦，只是其他人不会当面指出而已。时代不同了，销售人员再也不能强迫消费者购买一个产品或一项服务了，而是需要让他们自己说服自己。作为一个具有有效说服力的人，你必须有能力用你的思维去影响听众。

你遇到过这样的情形多少次：一个人需要、想要、喜欢并且买得起你的产品、服务或概念，但他 / 她就是不买，因为你根本说服不了他 / 她。你们双方的需求明明如此匹配。这到底是怎么回事？

我们亲眼见过很多具有卓越说服力的人。我们看到那些具有极强说服力的专家会近乎自动地吸引任何他们想要吸引的人。不管他们去到哪里，人们都会被他们身上光彩四射的能量和富有活力的个性吸引和影响。很多人戴着一枚看不见的铭牌，写着"说服我！帮助我做出正确决定！"他们想：信息量好大！我需要一个值得信任的人，引导我走上正确方向。

这些又把我们带回了最初的挑战面前。那些拥有卓越说服力的人是如何拥有说服的技巧、习惯和特质并最终达到炉火纯青的境界的？

这些能力是通过长期耳濡目染获得的吗？是被培养起来的吗？是可以被习得的吗？答案是肯定的！这些学习方法的确可以指导你提升说服力。

你如何做到（1）发掘出可以让你变得更具说服力的技巧；（2）让这些技巧自然而然地成为你的一部分；（3）创造大量成功案例？第一步是接受说服力商数测试。你可以在网上做，立即得到答案和分析结果。

（登录 www.persuasioniq.com，你可以找到关于你的说服力更细致的解读，也可以做说服力商数测试。这对你评估自己有好处，也有利于我们完善我们的研究。不知道在说服别人的过程中应该说些或做些什么？不知道应该使用何种说服法则？找出卓越的说服者并关注他们如何做、如何说。）

当你看到自己的说服力商数结果时，你就会清楚应该从哪里开始，也会知道下一步如何做会获得迅速的进步。你将会灵活运用这本书中介绍的技巧和特质。说服力商数评估是由说服力研究院在前人研究的基础上做出的，我们收集并分析了来自世界各地的关于说服的信息。因此，说服力商数评估会帮你一点点、一步步发现你在成长为一个说服大师的过程中需要的资源。我们会告诉你，你的说服力水平排在什么位置，你的长处和短处各是什么。

你准备好了吗

在本书中，我将使用"说服"和"影响"来概括各种形式的说服行为。我还会用"产品"或"服务"来指代说服者希望对方接受的东西。你需要明白的是，说服不仅指销售产品的过程，还包括许多其他情境。我一般使用"听众"来表示客户或消费者。

我不会在意我的话是否婉转动听或温柔圆滑。我不会粉饰真相。我的职责是教授你强大的说服和影响技能，将你的工作、生活和收入水平提升一个档次。我会有话直说。我会直面事实，甚至对你当头棒喝。是时候扔掉过时的习惯了。我知道你听说过如何与人缩短距离，如何发现共识。我知道有人曾经告诉你，要宣传产品的好处而不是特征，要用问题回答问题，要排除阻碍，要讲清楚你的产品能给他人带去什么。但没有基础的、根本性的说服技能，这些技巧毫无用处。我们面对的是新世界。是时候提升你的说服力商数了。是时候掌握说服力了。

完成说服力商数评估之后，你会知道在何处努力才能成长为一个卓越的说服者。掌握说服力和影响力是一场开卷考试。还记得学校里的开卷考试吗？这是我最喜欢的考试形式，因为所有的答案都已摆在我的面前了。当然，我需要去寻找它们，我需要知道去哪里寻找。我在这本书中应用了同样的开卷考试理论。在书中，我提供了所有可能的引导和专业建议，帮助你掌握技能，将你的生活和收入提升一个档次。你可以提升你的说服力商数。你可以培养这些技能和特质，并会发现你生活的方方面面将发生令人吃惊的变化。你准备好了吗？让我们开始吧。

劝说中的障碍

阻碍成功说服的 10 个因素

　　技到用时方恨少。说服力必须提前获得，否则机不再来。我花费多年时间从事说服力、销售、影响力和领导力相关研究，尚未发现一个完美的说服者。我遇到过很多富有技巧的说服者，但他们并没有完全达到实现他们想法的水平。这当然可以理解。仅仅勉强付清账单、维护现有客户、领导组织、寻找新客户、打赢对手和增长专业知识已经耗费了他们太多心力。面对如此多的任务，一般人也很难挤出时间培养新的技能。

　　然而讽刺的是，最容易令人忽略的说服力恰恰是他们工作中最关键的一环，只有说服力才可以让其他所有环节正常工作。你或许听过那个古老的谚语"慢刀费力不出活"。刻苦工作不等于巧妙工作。你的刀够快吗？你工作中有巧思吗？如果你在说服力这一领域提升了技能，你会有更高的工作效率。检视一下你自己。你在敷衍了事吗？在日复一日地使用老办法缘木求鱼吗？或者更糟糕的是，你在反复犯同样的错误吗？你是不是本应赚更高的工资，但是因为老办法造成的错误，得到的少得可怜？

　　人们会因为你的某些做法对你和你带来的信息产生抵触心态。我的研究发现，说服过程中有 10 个障碍会阻碍你取得成功和提高收入。每个障碍都让你像踩着应急刹车在城里绕圈，你却还奇怪车为什么开不动。问题解决起来非常容易，但置之不理的代价却很大。

障碍 1：乌比冈湖效应

美国喜剧演员盖瑞森·凯勒（Garrison Keillor）自创的"乌比冈湖效应"（lake wobegon effect）一词，指的是多数人都认为自己的能力高于平均水平的现象。在著作《乌比冈湖的日子》（*Lake Wobegon Days*）中，凯勒虚构了一个小镇，镇上"女人都很强壮，男人都长得不错，小孩的聪明都在平均之上"。正像是乌比冈湖的人们一样，我们都有一种感觉自己比普通人优秀的天然倾向。我们很难承认自己其实不擅长某些事，尤其是那些我们认为基础或普通的技能。心理学家将这种倾向称为"认知偏差"（cognitive bias）或"优于常人效应"（better-than-average effect）。

当我教授说服、谈判技巧或进行小组讨论时，我有时会让学生列出他们没能更成功的原因。他们找到了无数原因，但是他们都缺乏一个概念，就是他们自己的短处才是限制他们成功的关键。我们总是忽略自己的弱点，让事情看起来比真实情况好一些。比如，我们会隐瞒我们的收入、年龄和体重。

乌比冈湖效应不仅对我们说服力的提高有消极影响，对我们的人生同样有消极影响，因为我们会对自己撒谎，这就碰到了底线。我们不仅对别人撒谎，也对自己撒谎。我们投入其中的希望和梦想建立在非真实的评估之上。或许戴着玫瑰色眼镜看一会儿世界让人感觉很好，但是最终，你将面对的是失败。乌比冈湖效应给了我们一种虚幻的安全感。处于这种效应的影响下时，我们会对现实变得很麻木，无法看清楚我们站在何地，需要改进什么。这种倾向会让我们降低对自己的预期，并错误地提升自信。

> 鬣狗闻不到自己的恶臭。
>
> ——非洲谚语

> 一项研究发现，人们认为自己在_____方面优于一般水平，这体现了乌比冈湖效应。
>
> 身体素质　　　　智力　　　　　组织性　　　　逻辑性
>
> 风趣度　　　　　公平性　　　　吸引力

我并不是在宣传一种悲观、失望的态度，但是，如果你的目标都建立在错误的技能或假设上，那你怎么能设定好它们的高度，使其不至于过低或过高呢？优秀的说服者都能够客观地看待自己，把握事实真相，既能看到好的方面，也能看到坏的方面。只有做到这点，你才能真正进步。

当我们评估我们自己或他人期待我们获得的某种特定能力时，乌比冈湖效应就会出现。遇到社会压力或需要社会认可时，我们会做出比预期高的自我评价。比如，当你从事销售行业时，如果人们让你评估你的社交能力和对产品的认识，你有 90% 的可能性会评价自己高于平均水平，即便你的说法仅有 50% 的可信度。90% 的经理人会评价自己优于平均。我们倾向于对各项标准做出过于乐观的估计，包括学习成绩、外貌甚至离婚的可能性。

然而，当人们开始评价不属于自己日常生活范围的技能时，情况便不同了。在诸如表演、机械、杂技、核聚变或电脑编程领域，个体一般倾向于评价自己为低于平均，这些领域内的知识是我们的雇主或社会并不期望我们知道和理解的。

我的研究发现，以下是我的说服力学员认为自己最擅长的五个领域，但他们对自己的评价是高于实际的。

1. 社交能力 / 同理心

2. 毅力 / 决心

3. 交流 / 倾听

4. 自我超越

5. 成交技巧

你是否也受到过乌比冈湖效应之害？在哪些时候，你会告诉自己和其他人你做得很好，但事实上却一点儿也不好，或至少不在平均水平以上，而只是因为你试图说服自己和别人？你能够接受你的说服力商数测试结果吗？能够理性分析为什么分数不高吗？你的才能和特质放在真实世界里到底处于何种水平？

障碍 2：拒绝之墙

你是否遇到过这种情况？你进入某家商店，遇到一个衣着干练的销售人员。你对商品有购买意向，但这名销售人员却有点儿操之过急了。你心中响起一声警报，做了你的很多客户对你做的那种事：说谎。你说"我只是看看而已。过一会儿再回来""太贵了"或是"我得跟爱人商量一下再决定"。但你真实的想法是"我不喜欢这家伙""我不信任她"或者"就是感觉不对劲"。最后，你再也没有返回这家店，你也不会向别人推荐它。店主和销售人员从来都不知道为什么会这样。这就是拒绝的砖墙上的一块巨大的砖头。

这种障碍是一个无声的说服力杀手。多数说服对象从来不会让你知道他们此刻的真实感受。他们觉得对你撒谎才是一种更舒服的方式，这样就不会伤害你的感情了。他们只会迅速走开，再也不会跟你说一句话。这个障碍之所以成为说服力杀手，是因为很多时候我们根本意识不到我们在这样做。我们冒犯了别人，却毫无意识。你或许还以为你很友好，很有激情，但是必须小心。友善和激情都是很好的品质，但如果下面暗含着强迫、欺骗的意图，你就要做好无法达成目的的准备。

听众是很难被说服的。向来聪明的消费者早就建好了一堵墙，用以挡掉过时的说服方式。你还没有开始展示，很多人就可能已经建起拒绝之墙了。你甚至还没有开口说话，他们就已经预设你是一个低劣的、企图操控他们的推销员了。他们早在你开始前就已经做好拒绝的准备了。

你应该如何扭转这种局面？你的说服必须显得毫无威胁，必须非常自然。千万不要聒噪，千万不要浮夸。那种策略只会让人拒你于千里之外。同时，你还应该抛弃加压的手段。在这种情形下，给对方压力不仅会让拒绝之墙更为坚固，还会使其变得更加宽广。当人们感受到压力甚至欺凌，感受到自己被胁迫购买不需要的东西或做不必要的事情时，他们会心生愤怒。他们再也不会跟你打交道了。他们会认定你在欺骗、操控、出卖或强迫他们。他们还会向朋友和家人说你的坏话，甚至向陌生人诉苦。你不仅丢掉了这个客户，随着坏口碑的传播，你还会丢掉更多潜在客户。

当人们察觉到你准备说服他们时，他们的拒绝之墙会立刻增强、变大，于是他们会开始抗拒你。为应对这种倾向，说服必须在意识的雷达启动之前开始。

以下是导致拒绝之墙更加坚固的一些常见错误。

你的做法	听众感受
事无巨细，覆盖每一个细节	信息过量，不明不白，厌倦疲乏
不停提无关紧要的问题	心生敌意，不堪其扰
总说"老实说……"	认为你已经准备好开始撒谎了
在一个人身上花费过多时间	不尊重他们的时间
轻视或贬低竞争者	缺乏自信
夸大细节	不值得信赖，更容易质疑
过度炫耀自己技术完美、无所不知、经验丰富	感到愤怒，认为你高傲、自我中心、自认高人一等

（续表）

总说"你准备好今天买了吗？"	典型的老把戏来了
过度友好或高兴	不真诚，假意逢迎
总说"你好吗？"	"你现在是想卖给我什么呢？"
使用强迫技巧	感到被操纵和玩弄，进入防御模式

　　优秀的说服者拥有一种直觉，能够感知到说服的拉锯过程。你必须采用鼓励而不是强买强卖的方法。要引导，而不能给对方下套。你必须基于你的知识、直觉、经验以及非言语信息线索，体会和预判你可以做些什么，你的听众将如何反应。基于这种可以习得的敏感性，你不至于迎头就撞到那堵拒绝之墙上。

障碍 3：打工者思维

　　多数人都会认为自己是给老板打工的，工资以小时或年来计算。他们得到的是固定的收入。事实真相是，我们的工资是由我们的表现决定的。不管我们是否意识到或是否喜欢，我们其实都在以各种形式获取佣金。我们的成功之路之所以受阻，主要是因为我们的能力不足以改善我们的现状。

　　我们的工资反映的恰是我们的真实价值，或者说别人眼中我们的价值。（我不会粉饰这一真相。）如果我们对平平的收入感到不满，但是又不采取任何行动，那我们只能保持现状。如果我们停止抱怨并积极寻找方法来提升我们的知识水平、能力、才干，我们便能看到机会的增加和收入的提升。从这个意义上说，我们才真是在靠本事吃饭。多劳多得，善劳善得，我们将得到与我们的技能、才干和能力相匹配的收入。

　　对照一下你自己的情况，并问自己："我幸福吗？我的工作体现了我的全部能力吗？我能从哪里突破一下吗？"当我们对自己诚实时，我们会发现现状之所以无法改变，不是因为我们真的觉得它很理想，而是因为它让我们感到舒服，或让我们懒得改变。如果你发现自己遇到了瓶颈，并真的决定突破，那么现在就应该行动起来，设计一个为自己而活的项目。你知道是什么样的项目吗？它名为"成为更好的我"。卷起袖子，因为你自己的行为就可以决定你能赚多少。你真正的价值是什么？那个价值能付清你最近的账单吗？

我想，全世界的人们都应该获得符合自己价值的报酬。你应该基于你的技能、思维方式和才干，自己决定自己获得何种工资待遇。希望拥有自己的事业，多劳多得，基于表现得到津贴或奖金——这些愿望通常意味着收入的增加。两三年后，赚弹性工资的人将比那些赚固定工资的人获得更多报酬。

这种收入的增加对创业者来说也是真实的。举例来说，根据美国联邦储备系统对消费者财务情况的调研，2004 年，成员以创业为主的家庭的平均收入（141500 美元）约是成员受他人雇佣的家庭的平均收入（70100 美元）的两倍。现在，是时候赚取你应得的报酬了。

障碍 4：说话太多

作为一个性格外向的人，拥有与人交流的天分或者与任何人顺畅交谈的才能，自然是一项特长和优势，但你也必须小心。如果你一直说个不停，如何能说服别人？如果你的听众发现你关心的是自己占有话语权而不是他们有什么需求，那他们一定会非常反感你。重要的不是你，而是他们。优秀的说服者的聆听多过表达。事实上，优秀的说服者会使用倾听和提问技巧来引导听众自己说服自己。

通常，当有人来找你时，他们已经知道自己想要什么了。他们脑中已经有了主意，只是需要对别人讲通自己的想法。你觉得哪个途径会实现更好的长远效果，是说服你的听众，还是帮助你的听众自己说服自己？让你的听众感觉是自己为自己做了决定，而非受到外在影响，这样更好。如果你必须说话，要说得高效，说到点子上。一个通用规则是，你说话的时间不应该超过总时间的 30%。

现在，我们已经明确了几个关键原则。需要指明的是，你必须做好准备，根据听众的个性类型进行适应和调整。对有些人来说，就算说话时间只占 30%，也已经太多了。仅仅讨论必要的内容和开展最低限度的对话对这种类型的人是最有效的。你如果试图跟他们套近乎，只会让他们厌烦甚至觉得受到了冒犯。一些人认为，首次见面就表现得过度热情和关注私人问题是很不合适的。礼貌和专业都是对的。热情但越界却是不行的。底线是，不要急于跟对方热络起来。

障碍 5：信息雪崩

很多时候，为了实现说服的目的，我们希望能够将所有信息都高亮标出。这是很正常的心态。帮你的顾客看到产品和服务的潜在价值难道不是一件好事吗？是的，但是其中也存在问题：你的听众会且仅会因为他们自己的理由而发生购买行为。他们并不在乎你知道多少，因此不要用细节把他们淹没。你在细节上洋洋洒洒讲得越多，你的听众就流失得越厉害。

当你希望让听众关注你的产品或服务的优点时，最好的办法是首先讲你的听众最关心的特点或优点。为什么要花费宝贵的时间和精力讲他们不关心的事情呢？你应该让他们告诉你他们在寻找什么，然后将你的讨论聚焦于此。关键是，很多人已经知道他们想要什么了。事实上，按你的观众的思维，他们通常在寻找拒绝的理由。这也是一种非常自然的作用机制。他们在想：我如何才能确保我买了不后悔？如果买错了怎么办？

另外，给出冗余信息还有一个坏处：你津津乐道的优点他们可能不感兴趣，甚至可能认为是缺点。为什么要帮他们找出拒绝的理由呢？再强调一遍，让他们告诉你他们在找什么。只有当你确切知道他们关心的是什么，当他们做出了购买的决定，这个时候，也只有在这个时候，你才能把其他特征或益处补充进来。不要过度推销，以免产品最为重要的特点被掩盖或忽视了。

强行灌输也属于这种情况。很多时候，我们缺乏耐心，急于把所谓的知识和智慧强加给听众，因此会对他们进行强行灌输。这时，你就无法给你的听众留下提问和做决定的空间。你变得充满强迫性与攻击性，令人讨厌。你真的以为你可以通过打断别人来说服他们吗？研究表明，81% 的说服者在说服的过程中说得太多了，远超必要。他们说得太多了，而你很可能也说得太多了。

当我们说得太多时，我们的听众就无法提问，这个时候拒绝之墙的厚度就增加了。想想医生是如何看病的：需要先倾听并提问，然后才可以诊断问题所在。医生不会到了检查室后一声不吭，也不问你需要什么，就直接给你开方子。你需要像一个医生一样，退后一步，吸收和评价你的听众所说的每一句话。在观察说服者时，我发现强行灌输和提供冗余信息的情况太常见了。

问问你自己以下问题，看你是否有强行灌输或给听众提供过多信息的情况：

- 你是否会因为急于介绍产品亮点而打断你的听众？
- 你是否急于完成这项交易，或者担心不能让新顾客满意？
- 你是否失去了与顾客的眼神交流，或只会得到空荡荡的眼神？
- 你的听众是否看起来紧张、冷漠或暴躁？
- 你是否过于关注你下一步想说的内容，而没有注意倾听？
- 你的听众是否给了你一些你已经回应过或清楚并不成立的理由或表示拒绝的信息？

> ☐ 他们的非语言信号是否已经告诉你他们准备离开？
> ☐ 你是只顾自说自话，还是在发掘他们的需求？

障碍 6：孤注一掷的心态

你觉得成为一头野兽的猎物感觉很好吗？你表现得像一头极度饥饿的豺狼或者闻到血腥味的鲨鱼吗？你希望有人毫不在意你的利益却一直跟着你吗？当你的听众感知到你的急切时，他们眼中的你就是这样的。我的研究表明，人们能够感觉到一个说服者或销售者的不安、焦虑或紧张情绪。也就是说，当你感觉到不自在时，你的听众也会不自在。这一点是无法掩饰的。他们将看穿你闪亮的微笑，甚至就算还没有意识到，却已经能感觉到你是一头披着羊皮的狼。

你如何察觉到自己陷入了孤注一掷的心态呢？可以看看自己有没有如下想法：

"这次我绝对要卖出去。"

"我必须得到他这一单，要不就完蛋了。"

"我必须今天就谈妥这一单，不然就没法付账单了。"

通常，这种孤注一掷的心态源于恐惧。当你发现你已经进入孤注一掷的情绪状态时，问问自己是在害怕什么。可能发生的最糟糕的情况是什么样的？真的会有那么差吗？最糟糕的情况真的发生会怎样？你必须面对你的恐惧，因为出于急切渴望的心态展开的说服很少能成功。即便短时间内能够起效，长期看还是对你有害。你的听众并不喜欢你对他们施压。他们会厌恶你，产生对你的消极印象，以后也不会再和你打交道。孤注一掷的心态会导致人们做出错误的决定，被逼迫做出选择，从而减少了可选的机会，导致遗憾。

障碍 7：害怕被拒绝

在最后一个部分，我们来谈谈恐惧中的绝望。在这一部分，我们将讨论对被拒绝的恐惧，因为这是最常见的恐惧之一。在我们恐惧的所有事情当中，对被拒绝的恐惧是我们一定会在某个时间遇到的。每天，我们都会遭遇拒绝。但是，如果我们是靠说服他人来谋生的呢？拒绝带来的消极影响就更大了。我们躲避拒绝就像躲避瘟疫一样，它会影响我们的收益。但躲避他人的拒绝不会解决任何事情。被恐惧控制、感到无所适从也不能解决任何事情。讽刺的是，我们不管是逃跑还是屈服，都不能解决任何事情。

如果不能妥善处理好我们的恐惧，我们必将碰到拒绝之墙。如果一个看起来很焦虑、很紧张，给你很大压力的人想卖你一样东西，你会感到期待吗？如果他看起来过于渴望得到你的认可呢？即便他的表现令人尴尬，而这种尴尬与产品无关——产品是很不错的——你依然会觉得从这个人手里买东西让你感到非常不舒服。对被拒绝的恐惧会让人们陷入其中，限制你跳脱出来，你也因而变得恐惧与人从无到有建立联系。如果对被拒绝的恐惧让你如此无力，以至于你直接放弃说服对方，那么你的命运也就此注定了。

因此，即便我们再厌恶和害怕被拒绝，这种可能性依然存在。那么，优秀的说服者对此会做些什么呢？优秀的说服者会如何应对，防止被拒绝的恐惧让他们崩溃、影响他们的表现呢？

需要记住的第一件重要的事是，即便你的听众最终得出的结论是你的产品或服务不符合他们的需求，这也不代表他们是在对你这个人进行否定和拒绝。通常情况下，我们能够从较浅层面上理解这个概念，但是我需要你再深入思考一下，真正理解这个概念。优秀的说服者通常会理性、不带个人情绪地分析这种情况。他们会想：这个人今天第一次见到我。她还不了解我。她不了解我的背景、个人兴趣、希望或者梦想。她拒绝的并不是我这个人。一旦你建立起这个概念，那么接下来你就会发现，你的听众的拒绝并不会影响你对自己价值的判断。事实上，两者毫无关系。不要因为别人的看法就让你自己感觉低人一等、尴尬或沮丧。

在说服的世界里，直面拒绝之后又能重整旗鼓、打起勇气是至关重要的品质。优秀的说服者拥有一种依靠意志力消除大脑中消极影响的能力，他们能够在几分钟之内就将阴霾一扫而空，继续前进。这一点值得引起我们的高度注意，因为我们常常被困于消极情绪中，停滞不前。这种影响让我们自己舔舐伤口、制造借口，可数周、数月甚至数年萎靡不振。另一种从拒绝中重新振作的方法是认识到你的恐惧甚至毫不现实。假设你失去了一笔看起来利润丰厚的订单，不管你如何说、如何做都没有用，只有客户说了算。也就是说，你确实被拒绝了。你的人生就此完蛋了吗？你的听众现在记恨你吗？他们会抹黑你的名声，疯狂破坏你的家庭吗？他们会在你的办公室外喷上恶毒的辱骂之词吗？当然不会！事实是，你们只是没有谈拢而已。他们将会在几分钟或几小时后就忘掉这件事，你也应该忘掉这件事。

障碍 8：缺乏准备

另一个导致我们说服力过弱的原因是懒惰。我们并没有花多少时间去准备。积累了一定的经验之后，我们想当然地认为自己已经非常熟练了，只需要按部就班就能完成任务。你可能会不时这样做，那么我必须提醒你，这是一种非常糟糕的做法。

当你发现自己内心有此感受的时候，你就该抓住这个时机做一次自我检查了。首先，你看起来过于自在，过于放松，不够专业。这些感受都是不好的，会让你的听众感觉你们之间的交流对你而言一点儿也不重要。如果你希望自己富有说服力，你必须做足功课。进一步说，如果你不做好对关键细节的准备，对方会觉得你一问三不知。如果你都不认真对待你的听众和机会，那他们怎么会认真对待你呢？

以下是优秀的说服者着力准备的四个方面：

1. 对你的产品或服务了如指掌。

2. 准确了解你的听众的需求和愿望，从而对他们量体裁衣。

3. 事先准备几样选择，及时提供给他们。

4. 知道如何让你的展示材料个性化。

障碍 9：武断预判

你是否这样自言自语过："那个人一看就很奇怪，肯定不会买的""我能看出她根本不喜欢我的提议""他们看起来一点儿也不精明"或者"我改变不了他们的想法"。我们常常这样干。我们常常基于听众的一点点信息——比如他们的样子——就武断地对他们品头论足，有时甚至在没有任何信息时就已经这么做了。这种品评和评估的问题在于，我们还没有开始说服，就下了决定，因为我们已经认定我们无法说服对方。那么，等待我们的只有交易流产、谈判失败、顾客流失的结果。这是你可能会犯的最大的错误，因为你是无法根据一本书的封面判断其内容的。很多很多时候，我们认为最不可能的人最终却成了我们最大的生意伙伴。

如果你觉得你的听众不重要，他们是能够发觉的。就算船尚未下沉，你缺乏兴趣的表现也会快速击沉它。每次你都应该给你的听众足够的时间和足够的关注。如果因为你的误判，你的顾客转投你的竞争对手，并达成了大单交易，而他们原本需要的产品或服务你手上就有，你会不会感到耻辱？更进一步讲，即便你提供的不是他们需要的，他们或许恰好认识一个人需要呢？如果你好好对待他们，他们会向别人介绍你的。最后，不论你此次是否能够成功，每次你都可以获得无价的经验，每次你的技能都在提升，只有这样反复磨砺，你才可以逐渐成长为一个优秀的说服者。

障碍 10：神化成交技巧

在 20 年前，成交技巧是非常重要的。我们受到的教导是，成交技巧是我们需要的全部。如果你不能说服听众，你需要学习更多的成交技巧。今天，当然，在你的工具箱中有几样成交技巧也是好的，但是，难道你不该花费更多时间帮你的听众创造需求吗？为什么要着急成交呢？事实上，优秀的说服者根本不需要这些技巧，因为他们还没有到使用成交技巧的时候，他们的听众就已经决定购买了。你需要用真诚和同理心真正与你的听众联系起来，让他们知道你真心考虑如何使他们的利益最大化。当你与一个潜在客户沟通时，你应该花费更多时间建立联系与信任，发现需求和愿望，而不是着急成交。

> 只有一种办法可以让任何人做任何事，就是让那个人真的想做。
>
> ——美国成功学大师
> 戴尔·卡耐基
> （Dale Carnegie）

你的听众对下面这些话术已经感到很厌倦了。你应该也知道：

- 事实是……
- 没人比我更关心……
- 我会给你优惠的
- 每个人都在用
- 我是为你考虑
- 我想应该就剩最后一个了
- 这一点你可以信我
- 咱们私下说
- 随时给我打电话
- 你用这个效果真好
- 我是你的朋友
- 这非常适合你

说服你的听众购买你的产品、服务或概念是贯穿整个说服过程的，而非只体现在最后。事实上，研究表明，如何开始展示比如何收尾更重要。研究还表明，使用技巧推进成交的做法不仅容易冒犯对方，而且随着时间推移，也会逐渐失去有效性。即便有些起了作用，半数以上被说服的听众事后会感到后悔，很多人都想退货，因为他们是被动购买的。

当在错误的时间和错误的地点对错误的对象使用了成交技巧后，拒绝之墙上就又加了一块砖。当人们感觉到有人希望他们买下什么东西时，拒绝之墙就会变得更厚、更坚固。

被说服者会影响说服者

我们花了一章的篇幅来了解一般的说服者会遇到的障碍和困难，现在我们来看看另一面。看看你的听众脑子里想的是什么，看看说服力研究院研究得出的被说服者喜欢的说服者是什么样

> 当你不了解自己时，你无法了解任何人。
>
> ——美国诗人妮基·吉奥瓦尼（Nikki Giovanni）

的。请注意，所有这些品质都建立在感性认知上。是你让你的听众自我感觉良好，或对你感到舒服。在这种情况下，他们的感觉与商品的价格、质量或保证都无关。是这些品质让拒绝之墙无法建起。

1. "他信守承诺。"说服过程中的承诺都兑现了。说服者非常诚实，也非常现实，他们不会建立不切实际的希望或期待。他们给出的是"较低的承诺和较高的兑现程度"，而不是相反。

2. "她值得信赖。"成功的说服者会给他们的听众足够的关注，他们会全力以赴，解决听众的问题和关注点。他们是可信赖的。什么都不能阻止他们把事情搞定。

3. "很明显，他受过良好的训练。"成功的说服者对他的产品如数

家珍，了解全面，包括产品的优势、劣势以及与竞争对手的对比。一个优秀的说服者是其推销的产品、服务或概念的专家。

4. "她非常真诚，非常真实。"真正的说服者不会表现得像只是为了报酬一样。他们是真的关心他们的听众，并真的考虑将听众的利益最大化。

5. "我把他当成一个朋友。"花费时间建立关系是值得的。亲近的、可爱的、会关心人的、友善的说服者能够取得成绩。他们知道，人们只有在喜欢对方时才会从对方手里买东西。

6. "她从不与我们争论。"优秀的说服者不会为了就某一点说服别人而与顾客争吵。他们不会认为自己的需求是正确的。他们知道就算证明听众想法错误、缺乏信息或教育水平不高，自己也不会成功说服他们。

7. "他提供的办法管用。"帮助听众看到他们的成功，会将说服者和听众连成一体，彰显产品或服务会如何帮助听众成功。

8. "她总是负 100% 的责任。"不管发生什么，优秀的说服者总会对结果承担起全部责任。当出现挑战时，他们会直面挑战，而不是寻找借口。

9. "我能看出他是真的相信他的产品。"成功的说服者真的爱他们的产品。他们知道如果自己都不相信，也无法让别人相信。

10. "她很诚实。"优秀的说服者的立场总是很明确。他们对己对人总是很坦诚。诚实的力量让他们成为听众的朋友、顾问和支持者。

11. "他非常有趣，我们每次谈话都很有趣。"成功的说服者都很有趣，与他们对话其乐无穷。他们让别人感觉良好，笑容满面。他们富有魅力，喜欢与人交往，能够活跃气氛。他们的展示非常生动，引人入胜，能够提供有用的信息。

北风和太阳

太阳与北风总是在争论他们两个谁更强。北风认为他更强，因为他发起的龙卷风和飓风具有破坏性的力量。他想让太阳承认他更强，但太阳不为所动，认为自己更强。

一天，太阳想让这个争论有个结果，于是就邀请北风和他比试。太阳仔细地选择了比赛形式。他看到一个老人走在路上，便向北风发起挑战，让北风使用他的力量把外套吹掉。北风觉得这是小菜一碟，自己一定能赢，于是开始用力吹。结果令他吃惊的是，每一阵风都让老人把外套裹得更紧了。风越大，老人的外套就裹得越紧。大风甚至把老人都吹倒了，他也依然没有吹跑外套。最终，北风放弃了，他向太阳发起挑战，让太阳去把老人的外套脱掉。太阳笑了笑，开始照耀在老人身上。老人感到很温暖，不一会儿额头就开始冒汗。太阳继续向老人发光发热，最终，老人脱下了外套。太阳赢得了比赛。

寓意：如果你强行推进，你行动的对象就会表现出抗拒。你的目标应该是让别人按你的愿望行动，并乐在其中。

专注提升你自己

当我们认真看待自己的说服方法时，我们常常会发现，我们希望努力的地方往往和我们实际需要努力之处是不同的。事实是，即便在最擅长的领域，我们依然有很大的进步空间。我还没有遇到哪个高超的说服专家认为自己需要的一切技能都已炉火纯青。优秀的说服者永远对新思想持开放态度，他们永远希望不断找到改进技巧的办法，甚至是转变基础技能的办法。成功永远来自对基础技能的学习和掌握。如果你想成长为一个更好的说服者，首先就应掌握基础技能。你应该对这些基础技能了解得非常透彻，并能够准确无误地运用。随着你对基础技能的熟练掌握，你可以逐渐向你的工具箱中添加工具。不管你在特定时刻集中追求的技能是哪一种，你的目标都应该是成为一个高度专业的人，并在这一领域做到最好。现在，让我们来谈一谈卓越说服者的 10 个技能。

说服力技能 1

顶级说服者的思维编程

顶级说服者的心理优势是显而易见的。那么，优秀的说服者如何为成功做好心理准备呢？在说服过程开始之前、过程中和结束后，他们的心理活动是什么样的呢？心理层面是成功最为重要的一个方面，却常常会被忽略。

几乎所有人都希望实现梦想，取得更多成就，成长为更好的人，追求更高的人生目标。我们通常都明确如何做才能实现这些目标。那么，为什么我们没能按设想中去做呢？为什么我们没能实现自己的梦想和抱负呢？

写下你的目标并抱有必定实现的决心并不会自动赋予你成功，因为你往往忽略了一个重要环节：你如果不能从心理上对成功产生认知，就无法取得成功。人们一直告诉我们，我们应该积极向上，我们应该改变态度，我们应该有一个好的精神面貌。但事实上，这些信息持续轰炸着我们，使我们经常对其视而不见。我们看了看让我们"积极向上"的信息，说："知道了，知道了，我听过不少了。还是来点儿实际的吧。"

在这一章，我们会提供更多的积极态度以外的内容——我称其为"思维编程"。这种心理训练或者自我说服是优秀说服者获得心理优势的关键。"只有真正相信，才能真正做到"确实是真的。我们对大脑进行"编程"后，就可以控制我们未来的走向。就是这么简单。想一想你追求的最高目标是什么，你最强烈的愿望是什么？在内心深处，你是否真的相信你一定可以实现你的目标和愿望？你如果不能想象自己的成功是怎样的，那么在现实中也很难真正实现和经历成功。我们一直在思考和处理信息，我们的想法要么会让我们离目标更近，要么会让我们离目标更远。我们需要做出选择。关键的是，思维编程往往会帮助我们找到我们的优势所在。

优秀的说服者往往必须学会忘记过去的错误，关注未来的可能。这是你可以引导自己去做的事。我们都努力尝试隐藏我们的错误和短处，但这些是无法长时间隐藏的，它们依然会影响到你。你需要明确你的感受，知道它们会给你带来什么问题。学会处理这些属于你自己的感觉、想法和情绪。不要隐藏，而是要理解、把握和调整它们。

调整情绪"设置"的第一步是认真看看你现在情况如何，在哪些方面需要下些功夫。典型的情况是，遇到让我们感到不舒服的主题或者议题时，我们的大脑会自动回避它们。但是，当我们处于这样一种否定状态时，我们是无法做出任何改变的。是时候开始练习了，把那些被你塞进黑暗角落的需要处理的文件找出来吧。这个过程有点像懒散多年之后重新开始做运动。首先，你会感到非常不舒服，甚至非常痛苦。但是为了重塑好身材，运动是必要的。最终，你在处理问题时会变得更加娴熟，过去感到棘手的问题现在可能变得更容易应对。

优秀的说服者与优秀的运动员一样，都具有心理优势或擅长思维编程。以下是卓越的说服者和卓越的运动员之间的一些共性：

- 保持自律
- 失败后能够重拾信心
- 永远在学习和成长
- 持续改进——遭遇失败后能提出尖锐的问题
- 持续练习基础技能

- [ ] 能辨别导致问题的错误，解决问题，在此基础上取得进步
- [ ] 通过激烈的竞争变得更加强韧——愈挫愈勇
- [ ] 会想象成功的场面 / 在脑中预演获胜的场景
- [ ] 用积极想法替换消极的
- [ ] 享受游戏带来的心理压力
- [ ] 具备能够改变人们感受的能力
- [ ] 对自我形象有清晰认识，自尊心强

为辅助阐释思维编程的重要性，我开发了两个公式。如果你的想法是固定不变的，不管是消极的还是中性的，世界上所有的训练方式和工具对你都不会有用。任何数乘以零会得到什么呢？还是零。这样一来，原本有可能实现的成功都不会实现。如果你的思维设定为零甚至更低，那么你的工具、经验以及训练都不会起任何作用。

成功公式

（工具＋训练＋经验）× 思维方式＝成功 & 财富

（100 ＋ 100 ＋ 100）× 0 ＝ 0（失败）

@2008 说服力研究院

"编程"是另一种描述思维方式的说法。你可以买到最好的电脑，它具有最好的配置，拥有最快的处理芯片。我们假设你有一台配置极高的电脑，配上了人体工学键盘、无线鼠标、32 英寸纯平显示器和内置声卡。你也买了一张很好的桌子，用于放置电脑，你一切准备就绪。但如果没有正确的软件，所有高端的外部配置都毫无价值。如果电脑里没有软件运行，只有一堆硬件闲置落灰，那它有什么用处呢？

有效的思维编程是你的基石

当需要确定一个大工程的最终形式时，我们需要明确哪些是帮

助我们实现目标的必要步骤。成为一个说服大师也需如此。这就像建一座房子或摩天大楼一样，不能缺少整体规划。如果要建造自己的房子，你不会随便买了木材和水泥就开始。你需要首先把你想要的最终样子描绘出来，把那个样子画成一幅蓝图。然后，你才会开始照着图纸打造结实的地基，然后开始修建一座安全、功能齐全、美丽的房子。你必须确保你的思维编程建立在水泥而不是沙子上，必须确保你的基石能够抵抗即将到来的风暴。

敢于做梦

你最夸张的梦想是怎样的——那些令人非常兴奋但看起来非常不现实的梦想？我们能否大胆地做梦？我非常喜欢亨利·戴维·梭罗（Henry David Thoreau）[①]所说的："如果你在空中建起城堡，你的工作也不会丢失。它就该在那里。只是现在你需要给它建一个地基了。"是的，我们当然可以大胆做梦。事实上，我们就该大胆做梦。不要放弃你的梦想，而要让它们变成精心建设的城堡。这会帮助你对未来充满动力，让你对未来感到幸福。你的工作是为你的梦想打造基石，并把梦想变为现实。

对提升说服力来说，心理层面的思考就是基石。这对任何成功的说服者而言都是一种关键技能，在各个领域也都有用。你只有真正相信自己能够实现梦想和目标，才可以真正实现它们。只有当你自己开始相信自己和自己未来的可能性时，所有积极和有

> 所有的梦想都将成为现实——只要我们有追求的勇气。
>
> ——沃尔特·迪士尼（Walt Disney）

[①] 美国作家、哲学家、超验主义代表人物，代表作有《瓦尔登湖》（Walden）。——编者注

效的技能和工具才可以真正帮到你。

不幸的是，不论你的目标有多么远大，你遇到的多数人都只会向你泼冷水。当你向人们讲述你的梦想和此生想要完成的事业时，他们往往倾向于打击而不是鼓励你。借助正确的思维编程，你会知道你将去向哪里，想要实现什么。然后，人们口中任何消极或贬义的信息都不会再影响你。不管他们多么努力，你的梦想都不会被击碎。正确的思维模式包括知道你想要什么，并有一个实现梦想的计划。当你的思维模式正确，你总能追随自己的内心前进。

如何更有效地进行思维编程呢？第一步是将你的情绪能量注入一个具体的愿望。如果从一开始你就没有渴望，那么你不会走多远。只有拥抱最能表达你心愿的渴望，你才可以在最大程度上释放你的能力、想象力和潜力。如同开采石油一般，你会体会到比以往任何时候都高的生产力。这种热烈的渴望会让你把普通的能力转化为令人惊喜的成功，比你以往任何时候设想自己能取得的成功都要大。

当你脑中出现了一个具体的渴望时，让它在你的潜意识中稍稍停留一会儿。很多优秀的说服者会在睡前进行思维编程。当意识休息时，潜意识就开始工作了。你可以利用这个从意识到潜意识的转变将你的想法和愿望交给潜意识来处理。当你准备睡觉时，你可以唤起关于成功的感觉和情绪。通过想象，让那些可以为你带来成功的人、事和地点变得生动起来。潜意识无法分辨哪些是真实的，哪些是想象的。潜意识会接受那些积极或消极的建议，尤其是当这些建议伴有感情、情绪以及生动的细节时。你可以让你的大脑进入一种模式，相信有些事情是确实发生过的。当你的大脑接受了你已经胜利的信息，你基本就离胜利不远了。你会发现，一些提示、本能和直觉开始涌现。你发现自己将以一种更加积极、富有生产力的方式去思考、说话和行动。简言之，你投入的所有精力都会以目标为导向。

你需要理解的是，你的意识和潜意识必须统一。潜意识会接受你认为真实的东西。潜意识是真实的。因此，你需要对它进行编程。你需要回头检视一下你过去的思维编程行为，看看它们是否对你的成功有影响。你还需要理解一点：当你开始产生消极想法时，这些想法会一直对你的未来和你会取得的成就造成影响。你要做的是让那些想法积极地服务于你的梦想、目标和渴望。下面，我们来讲讲如何巩固你的基石。优秀的说服者该如何打好成功的地基呢？

基石 1：找准方向

关于进行积极的思维编程和采取措施将编程行为转化为实践，我已经说了很多。优秀的说服者会通过控制和引导自己的思想来把控自己的命运。考虑到我们的行动是情绪主导的，我们的情绪是想法主导的，我们必须让我们的想法步入正轨。它们能决定很多事。你可以通过记住"TEA"这个缩写来提醒自己这关键的一点：

想法（Thoughts）→情绪（Emotions）→行动（Actions）

你的想法是起点。你的想法会带来情绪。你的情绪会带动你每日的行动。

好好检视一下你如今的人生。你能发现你身处什么位置吗？你现在的状态是过去所有的想法共同构筑的。你的想法把你带到了哪里？明天、下周、来年你的想法又会让你到达什么高度呢？消极的想法会一次次溜进你的脑子，这也很正常。当你发现它们出现时，立即把它们赶出去，不要给它们留下空间。消极想法具有破坏性。也有些人会在手腕上套一根橡皮筋，每当有消极想法产生，就用橡皮筋弹一下手腕。这种方法借助疼痛，可以迅速清除消极想法。如果你不想用这种方法，你也可以每产生一个消极想法就给我寄一张 2000 美元的支票，我相信这一定会对你快速起效，因为消极想法很可能真的给你带来价值这么多的损失。你的想法可以对你的潜意识进行这样的编程。

> 一个人会成长为他每天都想成为的那个人。
>
> ——美国思想家
> 拉尔夫·沃尔多·爱默生
> （Ralph Waldo Emerson）

你的想法会对你的潜意识进行编程。你的潜意识是你所有情绪的中心。当你的潜意识接受一个观点时，它就会开始执行这个观点，然后会开始使用你的观点、知识、精力和智慧来寻找解决方案。现在，这种过程或许会发生在一瞬间，或许需要几天、几周或者更长时间。不论如何，你的大脑会持续工作，以寻找解决方案。你需要在你对大脑进行编程时理解这个过程。你必须问自己："我是否把消极建议编入了大脑？"如果你告诉自己你不能做，这就是在进行消极编程。当你内心的声音告诉自己不能做什么事时，你应该替换那个想法，或降低消极声音的音量或强度，这非常重要。你可以将它替换为"我可以做到""我会获胜"以及"有足够的资源分给每个人"。转变你内心声音的观点会带来巨大的变化，这非常重要。这是因为你的潜意识永远会接受你通过编程让它接受的内容。这就需要你忠于自己的内心，你也必须能够掌控你所想的内容。没有人可以替你做这件事。优秀的说服者每天都在做这种脑力训练，而平庸的说服者认为这不过是老生常谈，且他们已经做得够好了。

我们如果要赶走消极想法，就必须用新的、积极的想法来替换。当你练习思维编程时，富有启发性的新想法会凭借本能自发出现。但是你需要确定具体的目标以使你的想法有所侧重，这种侧重会培养和增强你新开发出的内心力量。当然，你的逻辑思考会与这些新想法产生矛盾，但最终，你的新思维编程会取胜。我很喜欢《思考致富》这本经典作品的作者拿破仑·希尔所说的：

　　一个人是怎样的人，是他／她允许占有其大脑的主要想法决定的。一个人有意识地选择进入自己大脑的想法，在同理心的鼓励下，将多种情绪融合在一起，形成激励力量，来指导和控制自己的各项举动。

问问自己下列问题：我脑中的主要想法是什么？我应该有意识地选择哪些想法进入我的大脑？哪些想法在破坏我本该取得的成功？我应该如何从这些想法中找到行动的动力？我应该如何让我理性的、有意识的想法与我的情绪形成合力，互为补充？

基石 2：同步信念

我们的信念和信念体系也可以引导我们的想法。如同飞机需要导航系统来引导一样，我们同样需要系统来引导和塑造我们的想法、做法和信念。没有这些影响，我们会错过我们的目的地，就像飞机一旦失去与塔台的联系将永远无法着陆一样。

如果存在两个塔台同时指挥飞行员，那么会发生什么情况呢？结果一定会是灾难性的。我们当中的很多人没有意识到，我们同时进入了多个导航系统。比如，我们珍视我们的父母、配偶、好友对我们的付出，我们还会留意社区、全社会以及我们信奉的宗教的规则。因为有很多影响相互交织、碰撞，我们需要分清主次，确定哪种影响应该主导我们的信念系统。如果不能使这些影响步调一致，我们将在生活中感到迷茫，错失目标，而这仅仅是因为我们受到相互冲突的信念之害。优秀的说服者之所以能够实现更多目标，是因为他们有一套协调一致的信念系统。

下面的练习应该能帮到你。将决定你人生走向的主要信念列出来，看看这些信念是否相互冲突。考虑可能存在哪些矛盾和利益冲突：

信念	矛盾信念
追求财富	"金钱是万恶之源"
工作稳定	自主创业
追求事业巅峰	家庭第一
沉迷美食	保持身材
喜欢冒险	按部就班
尽情享受生活	控制欲望，低调生活
有更多自由时间	经济自由
减少债务	投资赚钱
事业成功	富二代背景
追求精神富足	追求物质富有

在决定了要用哪些信念塑造你的人生以后，你需要判断哪些信念代表你真实的想法，哪些只是社会或文化对你潜移默化的影响。进一步研究后，我们发现我们相信的很多东西并不是我们通过思考和寻找得来的。相反，是社会教会了我们哪些是稳妥的，让我们通过在家里、学校或工作上的接触来习得这一切。为了真正改变、成长和发展，我们需要对我们为自己制定的规则非常谨慎：它们从何而来，又是基于什么？它们是否都对你有积极作用？它们对你有任何破坏作用吗？现在，是时候自己决定自己的信念了。

基石 3：直面恐惧

愿意主动去应对恐惧对思维编程来讲至关重要。优秀的说服者能够把控自己的恐惧。你可能会受到诱惑，试图掩饰自己的恐惧，但它们还是不免阴魂不散地纠缠你。最好的办法还是直面恐惧，这是因为情况通常都不会有我们想象中那么糟糕。人类在诞生之初仅有两种与生俱来的恐惧：一是对坠落的恐惧，二是对噪声的恐惧。一个新生儿再也没有其他恐惧的对象，其他所有恐惧都是后天习得的。好消息是，如果恐惧是可以习得的，那么它们也是可以摆脱的。

如何摆脱一种深植内心的恐惧？你必须面对它。对，就是这样——你必须让自己身临其境，直面恐惧，无处可逃。所有新技能都是通过日复一日的大量练习掌握的。除此之外，别无他法。我们假设你特别害怕当众演讲。你如果想成为一个优秀的演讲者，就必须进行大量面对公众的演讲训练。你必须一次次将你自己展现在他人面前。喜剧演员杰瑞·宋飞（Jerry Seinfeld）曾经开玩笑说，演讲对很多人来说比死还可怕。他说人们宁愿做躺在棺材里的那个，也不想做致悼词的那个。事实是，我们常常发现，一旦鼓起勇气去直面恐惧，就会发现它并没有那么可怕。多数时候，我们的恐惧不过是夸大了的怀疑，或者根本没有现实基础。如果你不直面恐惧，你如何能够发现现实呢？

与恐惧直接关联的是担忧的情绪。担忧看起来比恐惧程度略轻，但我们依然需要像躲避瘟疫一般躲避它。担忧会消耗你的精力，让你无法聚焦于目标，它会妨碍你找到动力，从而让你退步。它还会带来消极想法，让你的思维编程功亏一篑。研究表明，92% 的担忧要么不会发生，要么发生了就无法改变。我们为什么要把时间和精力花在我们最不可能面对的事情上呢？我们最好还是想想如何应对现实，而不是想象中的那些困难。

最后要说明的是，即便过去有过非常痛苦的经历（谁没有过呢？），你也总是可以获得全新的起点。不要让自己受困于过去的错误。你已经从过去获得了知识和经验，可以重新出发，走得更稳。我知道，你希望能看清未来，以确保不会再次踏入泥潭，但不幸的是，世上没有可以预知未来的水晶球，你只能依靠细致、有效的思维编程。一旦你将头脑转向真正的目标，你就必须学会信任它。相信所有事情都会步入正轨，并按照最好的方式运行。马丁·路德·金（Martin Luther King, Jr.）曾说："要依靠信念迈出第一步。你不需要看清全部楼梯。你只需要迈出第一步就够了。"

基石4：发挥生动多彩的想象

我已经说过多次，但依然要再次重复：潜意识无法辨别哪些是现实，哪些是生动的想象。你的未来是由你想象的能力决定的，这是非常真实的。你对未来的想象越生动和具体，也就越可能在未来实现。如果成功已经存在于你的大脑之中，你就已经在心理上实现了你的目标。你的潜意识会开始工作，将你大脑中的蓝图变为现实。永远记住这句谚语：赢家从一开始就赢了。

生动而富有色彩的想象非常重要，因为我们的大脑资源并非有限的、会耗尽的。大脑不像一台电脑的硬盘或压缩存储设备。我们的时间、精力或者金钱可能是有限的，但我们的想象力是无穷的。优秀的说服者知道，思维编程一直是可行的。我们能更好地安排我们的时间，因为我们对我们做的事充满激情。正确的思维编程会为我们的每一步加上跳板，点燃我们心中的火焰，我们会发现我们的精力更加充沛。我们的金融资源将会扩张，因为我们会变得更多产。正如拳王阿里所说："没有想象力的人没有翅膀。"生动而富有色彩的想象会给你插上翅膀，助你飞跃任何障碍。因为想象力不存在限制，如果你不把它利用起来，你的已经解放的想象力会被浪费。

基石5：找到人生意义

我坚信，每个人都可以成就伟大。我相信，我们每个人心中都有等待写就的著作、尚未做大的事业、闪光的点子、伟大的发明、宝贵的想法以及尚未得到充分利用的精力。但有时候，我们确实不容易知道我们的目标是什么。我们可能会扮演一些角色——配偶、家长、学校董事会成员、教练、雇员或者社工。我们如何才能知道哪种角色会让我们拥有最大的乐趣，享有最强的满足感呢？首先且最重要的是，我们当中的很多人都认为经营与家人和朋友的良好关系是最重要的。这对情绪健康和生活品质而言也是关键。在此基础上，你到底为何而活？你生活的目标是什么？你人生的激情在何处？你的兴趣、天才、特点在什么地方？你人生的使命是什么？

　　要敢于做梦。找到人生目标会让你每天有动力起床，你知道你会变成你想成为的样子，得到你梦想中的东西。不要确定一个毫无生命力或无趣的人生目标。很多人已经找到了目标，如果你还不知道自己的目标是什么，现在就该把它找出来。优秀的说服者已经开始利用他们的目标了。需要理解的是，对大多数人来说，自我发现的过程如同雕塑一般。你在刚开始的时候只能看到一块大石头，不确定最终将诞生怎样伟大的作品。你知道它的最终形态一定是有价值的，只是还不知道要如何得到它。

　　为更好地帮你梳理关于这个话题的思路，我总结了一些问题和练习，希望能激发你的思考，帮你形成新的想法，以便你找到确切的人生目标。对于这些问题，你应该审慎考虑，仔细思考。有些答案可能唾手可得，有些答案可能需要你花上几天、几周甚至几个月来考虑才能慢慢浮现。牢牢把握这些问题，你的答案最终会出现：

1. 你已经 95 岁了，你的一生过得很充实。你实现了所有想要实现的目标，成就甚至比你预想中还要多。世人会如何缅怀你呢？

　　人生意义问题 1：你的悼词应该写些什么？花些时间来写你的悼词。

2. 想象一下，你在沙滩上捡到一盏灯。你打开它，一个妖精跑了出来，让你许一个愿望。他仅有一个条件，就是你的愿望必须让世界变得更好。你如何才能让世界变得更好呢？

   人生意义问题 2：你会许什么让世界变得更好的愿望？

3. 在一生中，你有很多事情想要尝试。对失败和批判的恐惧总是让你失去追求的勇气。那个讨厌的问题挥之不去，让你踌躇不前："如果我失败了怎么办？""别人会怎么看我？"

   人生意义问题 3：如果你能预知自己会成功 —— 如果你知道自己绝不会失败 —— 你会做些什么？

4. 一位律师给你打了一个电话，告诉你你那失踪了很久的叔叔给你留了 1000 万美元。你再也不需要工作了。你会用你的时间来做些什么？你在此后的人生里会做些什么？

   人生意义问题 4：你如何安排你新获得的资金和大把闲暇时间？

基石 6：拥有健康的自尊

优秀的说服者有着健康的自尊。研究表明，较高的自尊对成功、说服力、领导力和影响力有很大的影响。当你的自尊（你对你自己的喜爱程度）不健康时，它会带来焦虑、担忧以及恐惧。自我中心和高傲（看起来仿佛只是自尊较高）背后的事实往往是自尊较低。当人们表现出这种行为，它就已经不能说服任何人（包括他们自己）他们是强大、重要的了。换言之，那些看起来有着最高自尊的人往往自尊最低。事实是，当我们有健康的自尊时，我们不需要向任何人证明我们的价值。价值是内在的，与外部任何成就都无关，不管外部成就有多大。

那么如何看待低自尊呢？我的研究表明，85% 的美国人对个人形象的自我评价不是"好"就是"优秀"，这个数据清晰地显示了乌比冈湖效应。我们常常会否认我们在与自尊心做斗争，即便在外人看来已经再明显不过了。事实是，在我们生活的某些方面，我们都受到了低自尊的消极影响。关键是，我们必须意识到这种关注是没有任何价值和产出的，因为我们很难对这些方面保持客观。我们常常会做毫不理性、毫无逻辑的比较，比如用我们的短处去与别人的长处对比。

我们认为自己不如别人，因此会去关注别人的不足之处，这样就能让我们的自我感觉好一点。一项研究表明，多数低自尊的人并不会认为自己是毫无竞争力的失败者。相反，他们不会用积极或消极的视角自省，而是会中性地看待自己。

自尊较低者主要有如下特征：

无法信任他人	用自己和他人相比
爱说闲话	无法接受他人的批评
抱有稀缺心态	具有防御心理
怕被拒绝	逃避可能产生的失败
怨恨他人	有毁灭他人的倾向
行为具有攻击性	有拖延症
执着于谁对谁错	无法接受赞美
不愿承担风险	随时准备攻击

自尊是如何影响说服力的呢？自尊就像一面反映心理状态的镜子。如果无法保持健康、平衡的自尊，那么你在说服他人的时候也会困难重重。你首先需要说服你自己。只有对自己感到高兴和舒适时，你才能影响他人。你会找到幸福的秘方，而这会让你变得慷慨、乐观、开放，你的听众也会更喜欢你。

你如何激发自信，停止自我贬低呢？我能给出的最佳建议是，仔细关注你的自我对话，同时停止将自己与他人做比较。我们平常会收到无数的广告，告诉我们应该打造怎样的形象，如何穿衣打扮、喷香水，应该吃什么、开什么车。我们永远不可能达到这些标准，因为这些是虚假的希望和期待。我们不该期待夸张、有误导性的形象和描述能为我们带来正确的指引。不要再使用这些不切实际的评估标准了。你可以主导你的人生。你能决定哪些事在你的人生中更重要。是你在决定你应该成为谁和做什么。

基石 7：培养健康的习惯

你的人生是由你的全部习惯构成的。你能否成为一个优秀的说服者，全在于你的习惯和选择如何。我们可以看看人生中的一些日常情况。长年积累的脂肪，我们恨不得几天之内就减下来。相似的情况还有，我们多年来欠下了很多债，却想一夜之间就还清。我们决定跑马拉松——在离比赛还有一个月时。我们希望考出好成绩，但只花了一个小时准备。我们开始设想退休生活时，离退休却只有五年了。多数时候，我们想得到人生中的很多东西，而且希望在最短时间内花费最少精力得到。事实是，你想要的这种成功是不会发生的。成功只能靠日积月累，厚积薄发，是无法一蹴而就的。进步也要一步一步实现，你需要打好基础。

所以，现在应该检视一下你的习惯，看有什么是不良的，因为我们90%的行为属于习惯范畴。很多时候，你养成了一些习惯，甚至没有经过思考，很多时候你也不明白它们是怎么来的。而优秀的说服者会花时间和精力来分析他们的习惯，既分析好习惯，也分析坏习惯。我们早先谈过信仰，信仰会影响你的习惯。这些信仰的形成要么受社会影响，要么受父母影响。而习惯带来的影响往往需要一段时间才能显现。需要记住的是，债务、脂肪和一些嗜好都是慢慢积累下的。

优秀的说服者培养好习惯的窍门是：比起一股脑儿丢掉坏习惯，不如尝试每次用一个新习惯替换一个坏习惯。选择其他既有意思又有意义的事情。问问自己下列问题：

■ 你的习惯将把你带至何处？

■ 你的习惯会让你的前进受阻吗？

■（选择一个坏习惯）你跟这个坏习惯斗争多久了？

■ 你为什么会有这个坏习惯？

■ 长期看，这个坏习惯会带来什么后果？

■ 你如何替换掉这些坏习惯？

基石 8：承担责任

不管我们如何计划、如何准备，总是会有不可预见的挑战出现。应对结果如何，在于我们能否主动担起责任去追求成功，抱怨他人和境遇导致了你的失败是没用的。你无法等待、观望，希望外部环境自己发生变化。你还在等待一通令你吃惊的电话来迫使你做出改变吗？优秀的说服者能对他们的命运负 100% 的责。你还在期待奇迹、中彩票、突然挖到一件宝物或者靠直销成为下一个百万富翁吗？你期待靠这些幻想来改变你的生活和收入吗？还是停止观望和等待吧。路障是无法避开的，你只有坐在司机的位置上开始驾驶才能跨越它们。灾难和成功之间的差别就在于你是否做好了充足的准备来对抗风暴。如果你准备好了，那些路障会成为你的垫脚石。虽然路上可能会不舒服，但你最终会走上更好、更高的平台。

1. 停止分析，立即行动

你还挂着空挡吗？你只使用一挡吗？你的车是不是开不动，你想去哪里但是去不了？你还是不肯离开舒适区吗？你知道你想要什么，但是没有采取行动。很多时候，我们迟迟不采取行动，是因为我们在跟自己玩一个叫"理性论证"的游戏。让我们来看看你是不是在跟自己玩下面这些游戏：

- 我现在没有时间
- 我把别的事做完后立刻开始处理它
- 再存点儿钱，我就开始集中精力做那件事
- 我得先把眼前的事做完，不然没法做更多的项目
- 我爱人不看好那个项目
- 我太累了
- 我再等等，等天气好点儿
- 等我再减掉 20 磅，对外貌更自信的时候，我就开始尝试
- 我不知道该从何处入手
- 我不认识可以指导我或为我答疑解惑的人
- 我首先需要一个完美的计划，然后再开始执行
- 我已经尝试过一次了
- 太贵了
- 没用

当我们用这些话当借口，就算只是对自己说的，它们也会潜移默化地对我们产生影响，让我们受到它们的支配。我们用这些话来为自己流连于舒适区开脱，而不去仔细思考它们是否真的成立，更不去做出改变现状的努力。理性论证只会导致止步不前，所以别再考虑"我会""我能"和"我应该"了，做点儿什么，掌控主动权吧。当你拓展了自己的舒适区，你也就拓展了自己的外延。

舒适区通常是通过想象和忍耐不适来拓展的。我们需要去尝试陌生事物，体验困难。具有讽刺性的是，正是在接受这些挑战的过程中，你才能获得成长。你会用尽一切方法，争取平衡或中和你感受到的不适。你会受到激励，去消除障碍，寻回舒适。你通过不断推动极限，成长到新的高度。你不该让自己活得太安稳。

2. 宽以待人，严于律己

　　优秀的说服者会为生活中的每一件事负全责。我们更容易发现别人身上的缺点，却很难发现自己身上的问题。抱怨总是容易的，因为这样可以让我们减轻自己的责任感。我们如果抱怨其他人、其他事以及外部环境，我们在没做成想做的事时就不会有那么强的负罪感了。当事情没有朝着预想的方向发展，我们也会用抱怨来化解我们感到的沮丧和失望。我们常常欺骗自己，仿佛抱怨可以让事情有所改善。

　　事实上，抱怨外部环境和事物只能暂时缓解问题，而不会让根本情况得到任何改善。最终，你只会感觉更糟糕，没有直接解决的问题之后会反复浮上水面。美国出版商阿尔伯特·哈伯德

> 当一个人开始指责别人，他就真一败涂地了。
> ——美国著名篮球教练约翰·伍登（John Wooden）

（Elbert Hubbard）曾说："我一直很奇怪，为什么人们要寻找托词自我欺骗，借以掩盖他们的弱点？你如果把这种时间用来做其他事，就能铲除这个弱点，那么你就不再需要托词或者借口了。"

　　下面的一些例子体现了人们通常会如何通过指责他人来逃避自己的问题：

- 如果我有更称手的工具就好了
- 我接受的训练里没这个内容
- 现在经济形势不好
- 现在行业发展较慢
- 我这行太差了
- 我的老板不喜欢我
- 生活成本太高了
- 我爱人不理解我

■ 没有人支持我

■ 他们只是不懂

3. 了解并接受你的"失败"

有时，即便我们做了最佳计划，花费了巨大心力，事情依然没能成功。如果事情不按照我们的预期推进，我们该如何应对呢？优秀的说服者又是如何应对的呢？我们不是在思考为什么项目没有按照预期推进，就是在努力掩饰我们的缺陷。我们不想面对事实，承认可能是我们搞砸了。但是，优秀的说服者不仅能看清失败所在，还会积极行动，为自己的错误承担责任。这看起来似乎很可怕，但从长远来看却是非常有益的。你如果认识不到失败，何谈从失败中吸取教训、积累经验呢？最重要的事情是，我们即便失败了，也不会成为失败者。系统可能失败，计划可能失败，但个人并不会失败。我们只需要知道如何调整系统。

失败和挫折要么会成就你，要么会打败你；要么会让你悲伤，要么会助你成长；要么会让你发挥潜力，要么会让你停滞不前。但每次失败或挫折只是一次事件，它不会定义面对他们的这个人。失败源于你没能通过错误得到成长，没能用那个具有宝贵教育意义的事件投资你的未来。世界会不断测试你的梦想和目标到底是一时脑热还是真正强烈的渴望。没有人例外。不要问你自己："为什么是我？"问问你自己："为什么不是我？我需要学些什么？"我们会从挫折和阻碍中获得经验。我们必须学会这一点，因为它对成功而言至关重要。

每个人都会遇到消极和糟糕的事情，关键是你如何应对。你从这些经历中可以学到什么？优秀的说服者知道如何改进，让下次变得更好。

一些聪明人失败的原因：

缺乏动力	无法控制冲动
缺乏毅力	害怕失败
拖延症	无法延迟满足
不自信或过度自信	

失败不是一夜之间发生的。你不是一下子失败的。每天发生的小事日积月累，让你最终遭遇了失败。失败和忽略一次次发生。忽略会以指数方式叠加，在你尚未意识到之时，你已经深陷其中。不要忽视起初的小问题。千里之堤，溃于蚁穴。你如果忽视身上的一点小伤，它可能会感染，并最终导致截肢。

那些最成功的人也经历过无数次计划和努力的失败。只有迎头面对，撸起袖子，犯几次错误，你才可以看出门道来。生命不是一本教科书上的练习。实践出真知，犯错是成长的必然过程。当你从失败中学到了东西，那么失败也就不再是失败了，它们已经具有了价值。如果你不能从失败中学到东西，单纯的失败只会成为你攀登高峰的绊脚石。

那么，你应该如何转变对失败的态度呢？一个正确的做法应该是转换方向，不再关注那些阴暗面，而是开始考虑解决办法。你过去失败了，不代表你将来也会失败。而且，你或许要提醒自己，我们往往对自己要求太高了。没有人第一次就能做到完美。我特别喜欢足球教练 M. H. 奥尔德森（M. H. Alderson）的话"如果你第一次没有成功，这也仅仅说明你处于平均水平"。

基石 9：发现真正的快乐

我发现和采访过的优秀说服者都是快乐的人。他们热爱并享受生

> 得到你想要的东西叫成功。你确实想要你所得到的东西才叫快乐。
>
> ——戴尔·卡耐基

活。他们很成功。他们能够吸引他人。社会如何定义成功呢？名声、金钱、成就或者物质的富足。需要注意的是，每一个标准都是外部标准，没有任何一个与内心安宁或人生意义有关系。

我们或许以为拥有财富、大学毕业、退休、升职或事业达到巅峰后我们就会感到幸福。事实是，上面所说的任何一项都不会为我们带来深刻或长久的幸福。有无数研究致力于对比儿童和成人的幸福。为什么孩子一天能笑 400 次，但成年人每天只会笑 15 次？显然，儿童不是因为他们的地位或者成就而笑。他们会在简单的事情和单纯的存在中找到快乐。他们不会想去讨好别人，或者奋力爬上成功的梯子。你对幸福的定义是什么呢？不时看看我们的目标所在，我们都会做得好一些。我们如果花费了一生时间，到最后却悲哀地发现自己追求的是一个错误的梦想，那是多么遗憾的事啊。

当你感到快乐时，你的生活质量也会得到提升：

■ 世界让你感到更安全

■ 你更能对人敞开心扉

■ 你能够更快速地决策

■ 你的压力、恐惧、怯懦、尴尬以及愤怒都会减轻

■ 你对周围人的评价更公允

■ 你能够收获更好的人际关系

■ 你对人生的满意度会更高

■ 你的自我认知会更积极

■ 你对他人会更友好

■ 你的收入会增加

■ 你的人际关系会变得更好

■ 你的说服技巧会得到提升

今天，我们享受着更多的发明，有更多方式能帮我们节省时间和精力，但我们的快乐却减少了。这种情况有两个原因。一是我们的目标之间存在冲突，我们感到了压力和不愉快。也就是说，我们人生中的目标和渴望相互矛盾，产生了巨人的压迫感和不快乐的情绪。简单来说，就是矛盾的目标已经让你焦头烂额了。这个问题给很多人带去了紧张、不安和不快乐的感觉，而他们一直在问为什么会这样。

维克多·弗兰克尔是一位著名的心理医生，他在纳粹集中营受尽折磨后得以幸存。在他著名的作品《活出生命的意义》（*Man's Search for Meaning*）中，他写道："幸福是一种状态，而不是一个终点。幸福是无法追求到的。我们越是过度关注幸福，越无法求得幸福。幸福是追求人生意义和价值的过程中获得的副产品。"

这样深刻、智慧的话语，出自地球上最接近地狱之处的幸存者之口。我们还能从弗兰克尔身上学到的是，正因为幸福与不幸都属于心境，所以两者都可以形成习惯。这又让我们回到了思维编程这个话题上。真正深入看待不幸时，我们就会发现，我们其实是把对自己心理、情绪或者生活产生消极影响的事件看成了不幸。回想一下你真正快乐的时刻，让你在清晨迫不及待起床迎接新一天的那种快乐。那个时候，你的内心一般对你所做的事情非常笃定，内心充满安全感，对你未来的走向也感到确定。实现阶段性目标也常常会带来幸福感。幸福感不在于外部条件如何——住什么房子，开什么车，赚多少钱——当你感到目标明确、人生富有意义时，你就会感到幸福。

发掘你大脑的力量

在这一章，我们讨论了优秀的说服者如何开启思维编程，带来的力量又会如何影响其人生。当你真正将这些想法、策略转变为实际行动时，你就会发现你的思维、态度、行为以及收入都会发生巨大的变化。你甚至会发现，你的目标和渴望发生了转变。思维编程会让你的关注点更集中，让你投入的时间和精力获得更多产出，能够全面提升你的效率。永远不要忘记：只有当你在脑海中看到你的未来，你才可以真正实现它。只有当你的大脑相信你能成为你想成为的人，你才能成为那样的人。成功和财富是一场开卷考试。你如果想拥有财务自由，就应该像百万富翁一样行动。

狐狸与葡萄

　　在一个炎热的夏日，一只狐狸走过一片果园，看上了一大串葡萄。葡萄高高挂在藤上，已经成熟，非常诱人。狐狸说："正好可以解解渴，饱餐一顿。"狐狸后退了几步，助跑后跳了起来，但是没有摘到葡萄。它重新又跑了一遍，喊着："一，二，三！"它再次跳起来，却还是没摘到。一次又一次，它非常想摘到葡萄，但是每次都失败，于是只能放弃。它扬起鼻子走开了，说："葡萄肯定是酸的。"

　　寓意：你或许无法马上实现你的梦想，但是不要放弃，更不要还没有尝试就觉得你的梦想不值得追求。要坚持尝试。不断找到实现你想法的新办法。

说服力技能 2

理解你的听众如何思考

　　优秀的说服者能够通过直觉感受并掌握其他人的想法和感受。想象一下，如果你可以进入观众的大脑，会怎么样？如果你能知道他们的所思所想和纠结的问题，这些信息是不是可以在很大程度上帮到你？如果你能知道他们的动机或者他们真实的感受，又会怎样？他们告诉你事实了吗？他们是否在对你撒谎？

　　这是一种需要一定时间来培养的"第六感"。即便是最熟练的说服者也需要在这个技能上花时间。为什么呢？我们发现，只有不足8%的说服者能够掌握、使用或理解这种技能的重要性。很多人会猜测和假设每个人需要和想要什么。他们或许能猜对几次，但多数时候都猜错了。

　　深刻理解人性非常重要，能让你在最大程度上激发自己的说服潜能。你是否思考过大脑是如何工作的呢？我们为什么像现在这样行事？为什么很多人做的事对他们并不是最有益的，而是恰恰相反？优秀的说服者可以在人类本性中找到规律，并随之调整说服方式。人类行为是可以预见的，某些刺激物和膝跳反射对所有人来说都是共通的。优秀的说服者既了解决策过程，又了解消费者心理。你买洗发水时，会面临太多选择，你必须找到快速决定的办法。你会基于颜色、味道、推荐、价格甚至成分来决定吗？一般情况下，你会凭你的直觉，而不是分析对比所有的选择后决定。当你问别人为什么买一样东西时，我保证他们给出的答案和实际原因往往是两回事。

很多说服过程是在潜意识层面运作的。因此，想要深刻理解说服，需要深刻理解人类的心理。这些知识可以帮助你提高你的说服力。一个优秀的说服者可以帮助听众看到他们现在所处阶段与期望实现的目标之间的差距。这些知识会优化你的人际关系，提高你教育子女的技巧，提升你的领导能力，帮助你更好地推销自己和你的想法。简言之，这些知识将最大化你的影响力。

对于我在这一章中列出的原则和技能，我建议你在实践的过程中对自己多一点耐心。你不是为了多掌握几个小技巧、小把戏。我希望你能够深入掌握这些技能，让它们自然而然地变成你的一部分。我希望你真正拥有这些技能。掌握了这些技能，你身边的人会感到舒服，你也会变得更有说服力。你能够读懂和理解他们的需求，并以一种自然、不做作的方式关心他们。人们甚至感觉不到你是在说服他们，只会觉得在与懂得他们心声的人进行自然的对话。

听起来简直太简单了，对不对？那么优秀的说服者如何应对如今的听众展现出的那些警惕、质疑、讥笑以及不信任呢？他们在这种情形下又如何能够保持一种没有攻击性、富有同理心的风格呢？秘密在于，说服的途径有两种——一种是有意识的，一种是潜意识层面上的。这两种途径都能让你通过你的想法影响和说服别人，但它们进行信息处理的方法不同。在接受有意识的说服时，你的观众会调动意识，主动理解、定义和处理一个论断。这种人一般是智慧型的决策者。他们只需要知道事实，不需要那些华而不实的东西。对于这种人，最好是直接坦诚交流，不要阻挡他们希望有话直说的想法。你如果试图进行修饰，只会让他们厌烦和失望，最终将失去对他们的说服力。

在你通过潜意识方式进行说服时，听众会花很少甚至不花时间处理信息。这些人的反应多数基于本能、直觉以及其他情绪化的原因。他们希望的是感觉对路。他们是基于情感的决策者。在这种情况下，说服者要平衡好说服内容中逻辑和情绪的比重。

逻辑思考 vs. 情绪本能

你的潜意识会被以下哪些情况引发？

- 激发你儿时回忆的一种味道
- 让你肾上腺素升高的音乐
- 无缘无故让你感到恶心的东西
- 一种让你产生饥饿感的颜色
- 一个让你产生紧张感的词
- 无缘无故地对你刚刚认识的人抱有好感
- 让你潜意识中产生不安的一些特定的词、短语或姿势
- 其他人让你立刻兴奋起来（或者失去兴趣）的说话语气

我们面临的最大的挑战是，我们和我们的听众都在思考，我们都是遵循逻辑的生物。但是多数时候，我们不知道我们为什么会做某些事。事实上，95% 的说服和影响过程中都有激发潜意识的成分。这种倾向意味着"就是这种感觉""我信任这个人"或"我就是不喜欢这个人"都是在潜意识层面上的情绪化的反应。这 95% 的想法和情绪感知在大脑中是在无意识的情况下发生的，我们察觉不到。而且，我们对现实世界有意识的认识是我们的神经元在无意识的情况下处理我们周围信息的结果。

事实是，我们每个人既有逻辑性的一面，也有情绪化的一面。或许某一方面占据了主导地位，但是两者一直相伴存在。卓越的说服者掌握了既对基于逻辑做决定的人有效，也对基于直觉做决定的人有效的说服技巧。对大多数人来说，情绪是一种更强大的影响因素，但是逻辑思考也是至关重要的。为什么？因为当情绪淡去之后，你的听众需要一些实际可靠的信息来支撑自己的选择。兴高采烈的时刻很快就会过去，长期看来效果甚微。逻辑方法会让你的影响力在说服过程结

束后持续更久。情绪会让我们采取行动，但是逻辑可以支撑那些行动。

那么，这个概念是如何将意识或潜意识与说服联系起来的呢？对多数人来说，情绪具有强大的推动力。即便是我们当中最具分析能力、智力最高的人也会有情绪起伏的时刻，从而摇摆不定。优秀的说服者会将逻辑和情绪两者完美结合，以应对不同个性的人。他们是如何做到的呢？说服力研究院对卓越的说服者进行了研究，探寻他们使用了何种资源才达到这种平衡。我们发现，成功的说服者在尝试说服他人时一般都会用到下列办法（分别是以情绪为主导和以逻辑为主导）。

情绪	逻辑
推荐	证据
故事	数据
类比	研究
图片	表格
比喻	示意图

情绪永恒的主导力量

我想向你展示一些关于世界上所有具有逻辑和说服力的推理都无法影响人们情绪的例子。你知道吗？ 80% 的新产品会失败或远达不到开发时的预期。大企业常常会花费巨资邀请焦点小组[①]来测试他们的产品和服务是否可行。但即便企业向焦点小组的参与者推销了产品概念，随后的调查也会发现，仅有极少人会购买产品。说服行为的逻辑性似乎有利于说服焦点小组的参与者，但销售事实却表明，对产品或服务

---

① 研究者从对象人群中选择少数人组成小组，对研究目标进行提问和讨论的研究形式。——编者注

的展现并没有推动实际购买行为。

让我们来看一看有哪些具体的创业失败案例。你是否发现可视电话从来没有流行起来？从逻辑上说，你在与所爱的人通话的同时能够看到他们

> 如果你想说服他人，你必须激发对方的兴趣，而不是运用你自己的智力。
>
> ——本杰明·富兰克林（Benjamin Franklin）

确实是一件挺好的事。但从情绪上说，我们在刚起床时并没有做好面对他人的准备，也不想让他们看到我们在通话时分心了或者在对他们做鬼脸。

还有一种"可视化冰箱"，初衷在于为消费者节省大笔的能耗成本。一个透明的冰箱门能让你在取东西前就看清里面的每一样食物，如此一来，你就不需要把冰箱门开着翻来翻去了。这个想法是好的。从逻辑上说，这是有道理的。但是，从情绪上说，这种冰箱会让我们感到不安。你知道吗？冰箱就像药箱一样，也与我们的隐私相关。我们也不想让别人看到冰箱里面的烂生菜还没有扔掉；三个月前洒出来的果汁还没有擦干净；冰箱里还有 7 盒冰激凌，然而我们信誓旦旦地说到明年前要减掉 20 磅体重。

英特尔公司生产的瑕疵芯片又如何呢？从统计学上说，这种情况下会受到影响的电脑数量几乎可忽略不计。从逻辑上说，消费者不应该为此担心。但是，从情绪上说，如果自己的电脑上出现了瑕疵芯片，他们是无法接受的。

我最喜欢的例子是下面这个。20 世纪 80 年代，可口可乐推出了一种新口味。在那之前，可口可乐一直在可乐市场上占据首位，百事可乐甚至还没资格成为场上玩家。但在 20 世纪 80 年代，可口可乐发现他们的市场占有率突然下降了。在这个过程中，可口可乐的市场份额被百事可乐抢占了一个百分点，即便可口可乐每年比百事可乐多

花 1 个亿的广告费用。百事可乐提出了"百事可乐挑战"，与可口可乐做一次口味盲测，结果发现 57% 的消费者更喜欢百事可乐的口味。可口可乐得出的结论是，百事可乐更甜，因此决定调整可口可乐的配方，让口味变甜些。可口可乐也对新配方可乐进行了盲测，结果依然是新的战胜了旧的。基于这个结论，他们认为新品的成功已成定局。然而，后面的事你已经知道了。消费者们勃然大怒，要求可口可乐换回旧配方，连那些在盲测中认为新配方更好的人也不例外。

可口可乐的首席运营官唐纳德·基奥（Donald Keough）表示：

> 这个故事的转折会让每个人文主义者感到高兴，却会让哈佛大学的教授迷惑多年。一个简单的事实是，所有投入新口味客户调研的时间、金钱和技巧都无法测量或体现人们对旧口味深深的情感联系。
>
> 对旧口味的激情——对，就是这个词，激情——是让我们感到意外和惊奇的关键……这是一个精彩的美式传奇，是一个可爱的美式谜团，如同无法衡量爱、骄傲和爱国情感一样，你也无法衡量这种情绪。

我们至少可以看到，人们对事物的情感联系可以达到很深的程度，即便根据预测，更甜的可乐会走俏。

为什么是情绪而非逻辑主导了我们的决策

首先我们需要知道的是，凡事都有例外。今天我想讲一讲，为什么我们是基于情绪做决定的。为什么会这样呢？我们有着动物世界里最复杂的推理能力。那么，是什么原因让我们选择不去思考？

首先，当信息量太大时，我们就决定不去消化任何信息了。你

> 人们在做决定时并不要求获得事实依据。他们更需要一种
> 良好、令人心满意足的情绪状态，而不是一堆冷冰冰的事实。
>
> ——美国畅销书作家罗伯特·基思·莱维特
>
> （Robert Keith Leavitt）

有没有听过"一个迷惑的大脑会说不"的说法？营销人员都会把广告做得简洁、直接、明了。如果信息过多，或者需要过长时间来处理的话，人们基本就会对信息左耳进右耳出了。

另一个原因是，我们不想花时间思考，是因为需要做的决定根本不需要花费那么大力气。我们在意识和潜意识层面上都会对哪些需要考虑、哪些需要忽略做出选择。我们把这种过滤机制称为"选择性注意"或"选择性回避"。

人们也会忽略与他们想相信的信息不一致的内容。人类的大脑有一个强大的需求：一直保持正确。人们会自动过滤矛盾的信息，或忽略与现有想法、价值相左的声音。很多人在遇到与自己希望看到的东西不同的信息时，甚至会对其进行曲解。从另一方面说，当你与听众达成了一致时，你会得到他们的全部注意、支持和兴趣。在一项研究中，21名学生准备了分别建立在逻辑和情绪基础上的演讲。他们的演讲被录下来，交给其他同学进行评估。有趣的是，结果并没有体现绝对的一致性，只有在评估者赞同演讲者传达的信息时，演讲才会被评价为"富有理性"（即便演讲是特意从情绪角度组织的），其他的评估者因为不同意演讲者的观点，会评价说演讲"偏于情绪"（即便演讲是特意从逻辑角度组织的）。这样看来，一篇演讲是富有逻辑还是情绪，其实是听众决定的。研究者得出结论，一个通用规律是，人们无法以一种前后一致的态度区分逻辑与情绪。

我们也许没有意识到，我们在思考时喜欢走捷径。想想你在购物

时是否有没花很多时间来研究产品或者看消费者评分的情况。多数人一直是这样做的。我们会依靠说服者的建议，或者买最流行的品牌，或者会带一个朋友来问问他 / 她的建议。或许我们从来不愿意承认，有时候我们买下一件商品，仅仅是因为它的颜色或包装。

不光是在购买东西时，在其他情形下，我们也会选择更短的思考路径。当我们判断自己是否喜欢某个人时，我们也不会跑去做背景调查。如果每一个决定都要我们透彻研究，我们会累到做不成任何事。商品的制造者都了解这个事实。他们都知道我们很忙，有很多其他事需要操心。优秀的说服者也会利用这一点来得到理想的说服效果。

拒绝背后的真正障碍

成为一个优秀的说服者后，你会从与很多人不同的角度看待拒绝。你甚至会欢迎拒绝，并爱上应对拒绝的过程。为什么？因为你意识到，人们表示拒绝，意味着他们对你提的建议在心理上感兴趣，在情感上有投入，即便他们持怀疑态度。除了感兴趣和有所投入以外，一个说服者还希望听众怎样呢？在说服的过程中，如果听众没有表示过拒绝，说服者成功的概率就会直线下降，这点也许很令人吃惊。能获得听众开门见山的拒绝其实是件好事，好过让反感暗中发酵。

顶级的说服者从来不把听众的拒绝或者担忧看作敌人。相反，他们把这些看作说服行为的一部分。你的听众会尽可能拉长做决定的时间 —— 说是或说否的过程。说服者可以好好利用这个迟疑的过程。对话和观点的交换可以培养出忠实的粉丝、客户或消费者。优秀的说服者还有可能在拒绝未说出口时就解决了听众的问题。不管你做得多好，拒绝都会出现，事实上，在妥善解决导致拒绝的问题后，你的说服效果会更好。

你的说服力取决于你处理听众的拒绝和担忧的能力，如果对最常见的拒绝模式比较了解，你就可以很好地解决问题。世界上的借口有千万条，你可能都听过。但事实是，真正的障碍只有 7 个。

拒绝模式体现的障碍

所有的借口和拒绝都不会超出下列七类潜在拒绝的范畴：

1. 对失败的恐惧——"我能做到吗？"（他们对自己的能力没有信心，害怕自己万一失败别人会怎么看，等等。）
2. 缺乏支持——爱人、父母或者朋友不支持或持一种轻视态度。（他们怕听到这种话："你根本做不到。""这是个骗局。""不会成功的。"）
3. 无法做承诺——他们没有时间，或者承诺与现有责任存在冲突。（比如要照顾孩子 / 需要更多的信息。）
4. 动力不够——现状虽然有诸多令人不满意之处，但还不足于让人产生改变的动力。（比如，可以之后再减肥，可以明天再修理。）
5. 对功能的担忧——"这样能行吗？能解决我的问题吗？有没有更好的办法？这能满足我的需求吗？"（比如，还有没有更好的产品？它能解决这个问题吗？）
6. 心理因素——"就是感觉不对。我能信任这个人吗？我的直觉告诉我别理睬他 / 她。"（说服者做错或说错了什么。）
7. 经济考虑——他们感觉无法负担这件商品，或者会比较吃力。"这次投资值得吗？"（风险是否会大于收益？）

一旦发现所有拒绝都来自这七个分类里的一个或者多个，你便能更轻松地辨别出造成你的听众不适的主要原因。你将以职业化的、出于关心的、毫无威胁感的方式来处理他们的拒绝。遭遇拒绝时，很多说服者会（下意识地）表现出紧张、不安和愤怒。通常情况下，这种下意识的行为是因为拒绝引发了说服者的不安全感（通常是害怕失败或者拒绝）。说服者心中想：我不是已经说过那点了吗？我把什么都解释清楚了！为什么这个人还没有被说服？难道我像个傻瓜吗？这种反应也可以理解，但只会让事情变得更糟糕。你的听众看到了你的不安，感觉更加不适。现在已经有很多警铃在响了，不要敲响更多！

镇定、自然的行为可以为说服打开一扇门，即便遇到拒绝，门也不会合上。记住：如果你不能表现出安心，你的听众也无法安心下来。只有你很放松，他们才会很放松。只有你表现得充满激情，他们才会表现出同样的激情。这是非常真实的。你想让你的听众感受到什么，你就应该首先创造出什么。

现在，我们知道了拒绝从何而来。下面我们再来谈一谈什么时间应对拒绝最好。当你知道你的听众已经对你的话题有了充分了解的时候，你的很多消极能量便会得到抑制。这话是什么意思呢？让你的听众对你的话题有全面了解，在起始阶段就设计好你交谈的对象和想要达到的目标。你想得非常清楚，知道通过这次交谈你想得到什么。本质上说，你设计好了如何分配时间，把你的时间花在了质量更高的内容上。优秀的说服者懂得如何培养听众，他们从不浪费时间。给你的听众必要的信息量，能有效地让他卸下防备心。你告诉他们能够得到什么，他们就会放松很多。你开始提问时他们也不会措手不及，因为他们理解你为何要问那些问题。

你应对拒绝的表现越好，说服力就越强。形成强大说服力的关键是，在听众还没有说出口时，你已经预估到可能遇到的所有拒绝情况、问题以及他们的担忧。优秀的说服者总能在听众表示拒绝的过程中实现三个关键目标：

他们能够辨别出听众表达的是真正的还是条件反射式的拒绝。我们的研究发现，多数拒绝另有所指，涉及很多其他因素。

在试图解决问题之前，他们会详细聆听拒绝的完整缘由。他们会保持镇定。实验证明，在镇静状态下陈述的事实比带着情绪表达的信息更容易让人们改变主意。

优秀的说服者从来不会表现得傲慢或者居高临下。他们会给听众留有一定余地。这样一来，听众也更容易在之后改变主意，同意说服者的建议。

另一种应对拒绝的办法是，在你的展示过程中，逐一解决前面提到的七类问题，在潜在障碍还没有发生时就断绝其发生的可能。这样做的结果是，你的听众可能提出的主要问题都已经被你解决了。研究表明，说服者如果能够在说服的过程中就解决可能引起拒绝的问题，比起等到最后再解决，说服的成功率会提高四倍。而且，没有什么比让听众脑中一直留有疑问和担忧更耗费能量和影响说服效果的了。

那么，在听完你的全部展示之后，听众还有疑虑，你应该怎么办呢？在这种情形下，你会遇到三个挑战。第一，当你发现自己遇到这种情形时，你可能一开始就没有把你的听众武装好——你的听众并没有对你要讲的内容做好充分的准备。第二，你或许没有从你的听众身上收集到足够的信息，预估到他们心中的担忧。优秀的说服者在拒绝还处于萌芽状态时就开始准备应对了，他们绝对不会让拒绝的种子在听众脑中发芽。第三，如果你的听众开始频繁质疑你，你应该是处于即将为自己辩护的危险边缘了。如果你开始为自己辩护，你的角色会发生转换，让你的说服力变弱。更糟糕的是，如果你表现出了辩护的痕迹，比起原来的担忧，你的听众脑中会生出更多的疑虑。

男人、男孩和驴

一个男人和他的儿子带着驴一起进城去。一开始，他们牵着驴，一个农夫从他们身旁经过时说："你们可真蠢啊，驴不是用来骑的吗？"

听后，男人把儿子抱上驴背，继续走。但是很快，他们和一群人擦肩而过。有个人说："看那个男孩多懒！他骑着驴，反倒让他爸爸在下面走。"听后，男人让儿子下来，自己骑上了驴。但是没过多久，他们又遇到了三个女人。一个女人对另一个说："那个懒汉真丢人，竟然让他可怜的孩子自己走。"

好吧，男人也不知道该怎么办了，干脆和儿子一起骑在驴背上。这时，他们进了城，沿路的人们对他们指指点点，喊着什么。男人停下来，问他们在喊什么。一个男人说："让驴驮那么重的两个人，你就不觉得不好意思吗？"

男人和儿子下了驴，思考到底该怎么走。他们想了半天，最后砍掉一根杆子，把驴四脚朝天捆起来绑在杆子上，两个人扛着驴走。他们无论走到哪里，都会遭到嘲笑。后来，他们走上了一座桥。这时，驴乱蹬起来，一只蹄子松脱了，男孩一下没扛住，驴掉了下去。它在挣扎中意外滚下了桥，因为被绳子捆着，最终淹死了。

寓意：试图讨好每个人的结果便是谁也无法讨好。要学着理解人们的言外之意，而不是字面意思。

价格和对价值的理解

你是否注意到，在七类潜在拒绝中，经济考虑是排在最后的？花费常常是第一个被提出的拒绝理由，但不是听众拒绝产品或服务的真实原因。不论是向顾客出售一件实际的产品还是向固执的青春期子女传递一个想法，说服过程总是会涉及一个价格问题。要么是实际价格，要么是情感价格，要么是时间投入。在这一部分，我指的主要是字面意义上的价格。但需要明确的是，这些原则是通用的。早些时候我说过，我们都喜欢通过思维捷径做决定。一种办法是通过比较。不是花时间和精力把每件事情都想清楚，而是为相似产品做一次快速的价格对比。你的听众在寻找的基本公式是"如何花最少的钱得到最多的东西"。我们都会这样做，这是人类的本质。作为说服者，你要牢记听众的这个倾向。这样，你对听众设下的基准才会有更好的把握。

记住，这里存在着一个成本／价值关系。不仅仅是关于提供最低价格的。很多说服者倾向于打价格战，错误地认为价格最低或性价比最高的总能赢。但事实是，价格并不是消费者做出购买决策的主要原因。说服力研究院做的调研发现，68%的受访者认为价格并不是决定性因素。当被问起什么才是购买的主要原因时，也仅有不到10%的人认为与价格有关。真相是，人们希望看到的是价值。在一种环境下看起来贵的东西，在另一种环境下看起来是划算的。比如，当你花费200美元就能得到500美元的实际价值，这200美元就显得很划算，你不用多想就会花。仔细想想，你不会仅仅因为一个东西便宜就去购买。如果是你非常渴望、非常有用，或者是必要的东西呢？你会仅仅因为价格便宜就购买而不需要考虑其他因素吗？当你成功帮助人们看到你的产品会实际改善他们的生活，并可以帮助他们实现他们的渴望时，价格往往是最不重要的因素。

正确提问的力量

一般说服者和优秀说服者最主要的区别是说话和提问的比例。我们发现，比起一般的说服者，优秀的说服者会向听众多提出2.7倍问题。想想这些数据吧。普通说服者也许会问6个问题，一个优秀的说服者会问16个。然而令人惊讶的是，成功的说服者比不成功的说服者说的话要少很多。为什么呢？卓越的说服者会问很多问题，把说话的时间留给他们的听众。提问的人事实上有着掌控权，一直说话的人反倒没有。你可以通过提问控制和引导讨论。一旦你的听众开始盘问你，桌子就翻盘了。你就丢掉了控制权。

想想下面三个问答的情形，你会看到其中提问的人拥有控制权，同时令人意外的是，一直在说话的人反而没有控制权：（1）雇主进行面试；（2）医生为病人看诊；（3）律师向证人提问。你注意到，这些例子中，提问者多是权威或咨询者的角色。与此类似，当有人来找到你，想要寻找一件特定的产品或服务来满足其需求。当你成为"面试者"时，你会搜集你需要的所有信息来引导你的听众，同时控制整个对话过程。更重要的是，你会引导他们看到最终的解决办法，他们便会听从你的建议。他们也会因此很喜欢你，因为他们始终有表达的权利。因此，他们其实是自己说服了自己。你只是一个很好的听众，关心他们，让他们得以发声。

提问有效的另一个原因是，问题可以帮助很多说服者克服说话过多的倾向。在第二章中我已经表明，说话太多是影响说服力的最大障碍之一。没有什么比喋喋不休更能削减你的说服力了。你的听众是为达成交易或解决问题而来，不是来听你洋洋洒洒介绍产品的。他们或许会客气地听下来，但当你一直一个人说个不停时，你是提供了很多信息，与他们的需求却没有什么关系。他们已经在想接下来要去做什么了。你还没有开始说服他们，成功说服的希望就已经破灭了。过量的信息只会压倒你的听众。

提问对说服过程十分有用的另一个原因是，你的听众可以高度参与对话。优秀的说服者能够激发思考，提高听众的参与度。我们每次听到一个问题，都会本能地去寻求答案。这是一种自动的反应。我们即使实际没有说出答案，也已经在大脑中想过了。当你将这一原则应用于说服过程时，可以先从简单的问题开始。先问笼统的问题，再问具体的问题。你要让听众感到舒服和放松，正确的、不会让他们感到为难也不会引发焦虑的答案会给他们表达的动力。

当人们来寻找建议，购买东西或寻找改变人生的机会时，他们都想找到改善或提升现状的办法。这些行动的核心是一种情绪需求。实际的产品是一种达到目的的途径，但不是解决办法本身。产品真正提供的是情绪上的满足。这就是提问非常重要的原因。在问听众任何问题或发现其内心真正的需求（比如他们真正的动力是什么）之前就对他们武断地下结论是非常愚蠢的。潜在买家或许想买你的产品，但是他们为什么需要你的产品呢？这个信息是你应该掌握并据此进行说服的。

优秀的说服者知道，当人们开始评估一项产品或者服务时，他们是在寻找一切不买的理由。这是一种非常自然的防卫机制。但是，一旦他们从心理和情感上认为购买是一个正确的决定，他们就会寻找各种理由来支持这个决定。当我们对一件事情投入大量的时间和精力时，我们希望对所做的决定感到确定和安心。作为说服者，应该如何利用这一点呢？当你能够让你的听众看到现状与他们期望的状态之间的差距，激发听众行动时，你应该马上让他们投入这一行动。他们会不断为自己寻找支持的理由，让自己在这种新的平衡中找到安全感。如果你不能保持势头，他们的激情和精力就会锐减，对决定的怀疑也会涌现，他们会很快回到他们的舒适区。

优秀的说服者会问开放式的问题。这些问题能让听众表达他们的感受和担忧。听众希望你能将他们的利益放在心上。开放式问题也可以传达更多信息。能用是或否回答的问题不会给你太多的信息继续对话。你可以收集更多信息，以提出更多可选建议，满足你们双方的需求。你需要足够多的信息，这样才可以实现双赢的结果。下面是一些开放式问题的例子，优秀的说服者可以使用下面的问题与听众开启对话：

- 你什么时候开始……的？
- 你从哪里知道……的？
- 你对……有什么想法吗？
- 你想过……吗？
- 你对……感觉如何？

情绪如何影响说服力

情绪会影响我们的思考、判断以及说"是"的意愿。当你试图说服的人情绪状态好时，他们会更容易接受你的建议。反过来也是如此。在情绪不佳时，人们大概率不会接受你的建议。你在进行说服时，要充分利用这一点。优秀的说服者能够营造适宜的情绪，他们大多会让人们处于一种愉快的情绪之中。当我们感到高兴时，我们会联想到愉悦的念头，也会追忆起以前愉快的经验和创意。相反，如果我们处于一种消极情绪中，我们倾向于联想起不愉快的念头，追溯消极的记忆和信息。

你如果可以影响听众的情绪，就可以把拒绝和抵触的可能性降到最低。那么，你该如何影响情绪呢？最重要的是，要确保你自己处于一种良好的情绪状态。即便你的听众起初情绪良好，但你的情绪不好，也会很快影响他们的兴致（即便你会努力掩饰你的不良情绪）。这样一来，你说服的成功率就会大幅降低。

有项研究表明了我们周围人的情绪和态度会在多大程度上影响我们的反应。三个人一起坐下来吃饭——其中两个报名参加了实验，另一个不知道自己也是被观察的对象，研究人员要观察他的同伴是否改变了他对食物的看法。那两个人表现得非常不友好，争论不休，闹得很不愉快。另一种情形下，第三个人再次在同一个地方吃同样的菜品，不同的是换了同伴。这次，他的同伴非常幽默、有趣，让他感到很愉快。你想想，这个人会如何评价他吃到的菜品呢？你应该可以猜到——第一次的评价是消极的，第二次的评价是积极的，即便两次他点的菜品都是一样的。

我们有很多证据证明情绪是影响说服力的一个主要因素。即便是调整情绪的非常小的办法，比如吃小零食、听动听的音乐，都能让人们更容易被说服。一个面试官心情好时会给应聘者打出更高的分数。

愉快的情绪也会让人更有创造力，这对优秀的说服者来说也是非常重要的。消费者处于一种良好的情绪中时，会更容易看到产品的积极方面，或对体验有更积极的评价。连孩子们都发现，父母心情好时会更宽容。

为了强调这一观点，我再讲一个研究案例。研究是在一间没有窗户的酒店房间里进行的，被试不知道外面的天气如何。当被试需要房间服务时，服务员会对天气进行描述，比如阴冷的雨天、晴但是有点儿冷、下雨但是比较暖和、晴暖等。你觉得这些好天气或者不好的天气会如何影响顾客给服务员的小费呢？很有趣，天气寒冷还是暖和并没有太大差别，但如果是晴天，小费会提高 26.65%！

清楚如何正确成交

说服者可以从销售技巧中学到一些东西。（我们每个人其实都处在买卖关系中。）在前面的章节里我提到，成交技巧并不是成功说服的万能灵药，但这个技巧却是可以被掌握并在正确时间用到正确之处的。很多时候，说服者并没有正确使用成交技巧或者说服听众行动起来的技巧。这种错误用法让说服者和听众之间产生了不安和紧张感。成交技巧一直被认为是一种通过施压促使消费者购买的技巧。对成交技巧的这种定义是大错特错的。在今天的商业环境中，这种技巧已经毫无用处。事实上，如果你向我展示一个人可以通过强势、高压的策略来结单的话，我也能举出一个说服力极差的人的例子，告诉你他/她其实是因为缺乏专业说服技能，万不得已，只能选择这些技巧作为替代。

很多时候，成交技巧被错误地滥用了。在使用谨慎而方法正确的时候，这个技巧可以帮助听众高效地做出决定。窍门是，应该在说服的每一个层面正确地使用这个技巧。只有这样，你才能得到听众肯定的答复。在这种时候，你就不该拐弯抹角或者犹犹豫豫了。我发现，很多说服者的说服过程都像是在邀请一位漂亮的对象去约会一样。他们可以做任何事、说任何话，但就是做不到点子上，说不到点子上。一个有趣的现象是，95% 的听众表示，自己很讨厌说话者在最后的成交阶段只说一些无关痛痒的话而不是直奔主题这点。

优秀的说服者知道如何解读他们的听众发出的准备购买的信号。就像车里的仪表盘一样，你需要首先学习读懂它，理解每一个指数代表什么意思。与此相似，听众发出的信号会告诉你应该在对话的什么时候成交。很多说服者急于展示自己对产品或服务的了解，看不到听众发出的任何准备购买的信号。当你掌握了说服的艺术，你就可以从听众的身体语言、所提的问题以及他们的眼神中看出他们的购买意图。当你错过这些信号时，你就错过了机会的窗口，听众的眼神已经转开，你就丢掉了说服的可能。你得到的是一个双输而非双赢的局面。本质上说，是你让听众跳出了这笔交易。

坚持到底

很多研究都表明，一般情况下，我们要在五次尝试之后才能达成交易。这个情况说明了为什么优秀的说服者脸皮都比较厚。为了确保自己不偏离轨迹，他们会摆脱拒绝的消极影响，以顽强的毅力继续前行。研究表明，不少说服者尝试一到两次以后就放弃了。优秀的说服者知道什么时候应该不懈尝试，什么时候应该放弃。但是你会更惊异地发现，当说服者再试一次时，达成交易的情况大大增加了。与此形成对比的是，80% 的说服者在首次被拒绝之后就放弃了。

得到一个拒绝回答时，我们就接受了，认为是听众已经想清楚后才得出的结论。但事实上，他们通常并没有想清楚。他们可能忘了某些要素，或者心思去了别处。这也是为什么在说服的过程中，你需要多次重复，并坚持下去。很多时候不是人们有意拒绝你，而是他们没有足够的时间把事情想清楚。

在销售行业，即便对最熟练的专业人士来说，能有 20% 的成交率也已经是非常成功的了。问题是，多数人有没有足够强的毅力打 10 通电话，仅仅得到 2 个肯定答复呢？或者，在销售和说服技能尚不熟练之时打 100 通电话，仅仅得到 1 个肯定答复呢？答案是否定的。很多人做不到。当第一个人拒绝了他们，他们就立刻无法承受，感到心神不安了。说服根本不是这样进行的。所以，在讨论毅力的第一部分，你需要认识到你要先接受多少个否定答复才能得到一个肯定答复。

说服的 12 个法则

优秀的说服者了解也理解客户的思维模式和拒绝心理。他们知道，多数说服都离不开潜意识的作用。我提出了说服的 12 个法则，这些法则都是在意识雷达以下的层面工作的。知道这些法则很重要，可以让你对可能出现的拒绝做好应对准备。当你真正理解这些法则后，你会理解人性，当你理解人性后，你也就理解为什么你的听众会拒绝了。你会理解拒绝背后的真实原因，也会知道如何以一种积极的、充满关怀的、能提供帮助的方式来应对。把握这些潜意识法则，以此来判断它们如何引导人类的行为，无疑将帮助你成为更有说服力的人。对于想拥有高超技巧的说服者来说，这是非常重要的。我在《最大影响力》（*Maximum Influence*）一书中对 12 条法则进行了介绍。

说服力技能 3

亲和力与社会同步性

　　总有人告诉我们"不要用封面来评判一本书"。这话是对的。每个人都在评判他人。不论是有意还是无意，人们总在不断评判他人，为他人分类，将他人装进不同的盒子。有很多不同的盒子 —— 敏锐、奇怪、诡异、聪明、愚钝、令人讨厌、强大、令人厌烦，等等。但我的研究表明，当你观念积极时，你会有 85% 的可能性成功说服他人；当你观念消极时，你仅有 15% 的可能性成功说服他人。

　　优秀的说服者可以在 30 秒甚至不到 30 秒的时间内与人建立联系。第一印象仅仅需要几秒钟就可以形成，但是会持续一生。这是个关键技能，因为机不可失，时不再来。你如何确保这最初的几秒钟就起到作用呢？对方对你的第一印象或第一判断对你的成功非常重要。在这个快节奏的世界，你得不到第二次机会，因此，你必须第一次就成功。

　　你是否遇到过一个完美的陌生人，并且相谈甚欢？你有太多话题想说，感到你们似曾相识，一见如故。感觉太好了。你跟这个人相处起来非常舒服，任何事情都可以谈。你甚至忘记了时间。在你们谈到的每件事情上，你们都非常投缘。你感觉你所有的想法跟对方都是同步的，你们非常享受在一起的时间。这就是本章中的"亲和力"的含义。

　　享有高亲和力意味着你们与彼此同频。亲和力是相互信任的关键。有了这个纽带，即便我们与他人观点不同，彼此之间也依然有着强烈的关联。对两个基本没有共同点的人，这种亲和力依然可以存在。

很多说服者无法判断他们是否与听众建立起了联系。他们认为自己做好了每件事，都是教科书式增强亲和力的事情：表现出友好、热情或风趣。但事实是，多数情况下，他们并没有增强亲和力，也没能与听众建立联系。研究表明，75% 的人不喜欢"过于热情、絮絮叨叨的交谈方式"，99% 的人在内心感到厌烦时甚至都懒得打断对方的话。表现得过度友好，讲一些愚蠢的笑话，同时还自我感觉良好，以为能讨每个人的喜欢 —— 说服者如果以这种方式进行说服，只会给人们留下一个糟糕的推销员的印象。你应该也见过这样的推销方式。遇到这样的人时，你一般会怎么做呢？你应该会像多数人一样，表面客气地忍受一会儿，编几个理由让他们赶快离开，发誓再也不会与这样的人对话。而现实是：你有可能就是这个惹人厌的人。

一只有很多朋友的兔子

有一只兔子在动物界非常受欢迎 —— 每个动物都说她是自己的好朋友。一天，她听说猎犬正往附近跑来，希望朋友们能够帮助她逃过一劫。她找到马，问他能不能背着她离开。马拒绝了，说他的主人交代了重要的工作要完成。他说："我相信你的其他朋友都会帮你的。"兔子又去找牛，希望牛可以用犄角把猎犬吓跑。牛答道："我很抱歉。我现在要去赴约。我想我们的朋友山羊一定会帮助你的。"山羊却怕自己会受伤。那么，兔子确信，应该去找小羊，他一定会帮忙的。于是兔子去找了小羊，并给他讲了经过。小羊说："下次吧，我的朋友。我不想节外生枝，猎犬会把兔子和羊都咬死的。"作为最后的希望，兔子去找了猪，但猪也表示很抱歉不能帮她，他不想承担这个责任。这时，猎犬越来越近了，兔子决定跑。幸运的是，兔子最终逃脱了猎犬的追逐。

寓意：很多人都是你的朋友，只要你不寻求帮助。很多人都很喜欢你，只要你不和他们产生经济往来。

迅速展现亲和力

老派的说服者有一种倾向，他们走进一间办公室，就开始在墙上或桌上找线索，试图展开一段闲聊。他们希望用这种方式与潜在的客户建立联系。过去有段时间，这个技巧确实有用。然而，与几十年前相比，我们已经生活在一个完全不同的世界了。现在时间是最宝贵的。你的听众的时间太紧张了，你需要直奔主题。多数人并不喜欢拖泥带水的对话。研究表明，大部分人并不喜欢过于主动的闲谈，很多时候他们会觉得受到了冒犯。人们只会接受理解他们的要求和需求的人提供的商品或服务。我在为这本书做研究的过程中，有几个经理人告诉我，他们把办公室里的一些东西挪走了（奖杯、高尔夫球棍、照片、观赏鱼等），这样一来，他们就不会在寒暄中一遍又一遍地谈论这些东西了。

如何确定你真正与听众建立起了联系呢？你是该表现友好，但不该虚情假意。你需要的是双方投入交流，而不是惹人厌烦。你需要的是激情，而不是专横傲慢，让人难以忍受。如果可以利用你的"亲和力雷达"的强大力量，你会读懂非语言线索，读出没有说出口的信息、破译表情、身体语言以及态度背后的真实情感。你的雷达将帮助你监控听众接受程度的变化，从而随时做出调整，而不是让你死板地按照既定的路线引导听众。优秀的说服者会根据听众来调整每一次交流。每次都要体现个性化，这样才会为每段关系带来重要的生命力，还会大幅提高听众对你的喜爱程度，听众会感觉与你建立了良好的联系。每当我们需要别人的建议时，不管是针对一个新产品还是个人问题，我们都把自己摆在一个相对弱势的位置上。这时，我们是在表示我们需要帮助。处于这种状态时，我们常常能够分辨出试图说服我们的人是否真正在意我们的利益。

当我们第一次遇到一个人时，他们会根据我们的历史，他们对交流的预期（别人如何评价我们），我们的身体语言、语调以及词语的选择来评价我们。你需要记住的是，给别人留下何种印象对我们的成功是很重要的。我们非

> 记住你并不是客户的工作。确保客户不可能忘记你是你自己的义务和责任。
>
> ——美国演讲专家帕特里夏·弗里普（Patricia Fripp）

常善于给人分类，并以此来判断他们是否值得我们的信任，或我们能否与他们开展交易。我可以用一个研究展示一下。我们向学生展示了一段 2 秒钟的教授录像，然后把一份调研问卷分别发给上过这位教授一学期课的学生和仅看了这 2 秒钟视频的学生。这两组学生对课程效果的评价是非常接近的。也就是说，看了 2 秒钟视频的学生和上了一学期课的学生对教授的评价是一致的。

我们倾向于迅速做出判断，这种快速判断往往是正确的。我们第一次见到一个人时，对方会把你和他 / 她已经认识的某人归为一类。你像的那个人身上积极或消极的特点会被转移到你身上（无论是否公允）。事实是，你的听众在见到你几秒钟之内就可以对你下定论。优秀的说服者知道如何在这几秒钟之内创造魔力，而那种感觉会持续一生。

老派的说服方法过于强调最终结果：成交，结单。那个时候，达成交易比与一个真实的人发展一段真挚、长久的关系更重要。以结果为导向的说服方法存在一个问题。说服过程并不是静态、单方面决定的。被说服的人并不会无条件地接受你口中的全部内容。他们是有生命、有呼吸的活人，所有交流一定是双向的。你应该尽快建立亲近关系，创造并维持良好的第一印象，还需要让亲近关系持续下去。

很多说服者在整个交流过程中都不知道如何增强亲和力。他们善于破冰，让听众处于一种舒服的状态，但到了说正事的时候，他们的行为却一下子发生了变化。他们轻松的心情、愉快的风格一下子变得

沉重、严肃，仿佛在表示"我要开始说到本质了"。当这种变化发生时，听众会怎么想呢？过去十分钟里，这个人一直在开玩笑，愉快地聊天，怎么一下子就变成了另一个人。到底哪一面才是真实的？

一个有趣的发现是：人们对一个医生的喜爱程度与诉讼案件数量之间存在一定的关联性。关于医疗事故的诉讼案件的统计数据表明，病人一旦感到医生在看诊过程中草率应对，没能提供有效治疗或者不够看重自己（低于自尊期待的程度），便更容易对医生提起诉讼。证据表明，人们不会起诉他们喜欢的医生。你本人、你的产品与服务和可持续的客户关系同样具有这种关联性。

优秀的说服者不会仅仅关注开头和最终成交是否顺利。他们会一直通过富有情感和逻辑的交流来保持亲近与联系。把听众当成一位朋友，你们还会见面，还会再次打交道。不要让自己有情绪上的突变。应该灵活一些，跟随听众随时调整自己的情绪和情感。

了解听众的感受对你很有好处。在说服的过程中，听众会产生以下情绪，了解这些以后，你就可以通过支持、共情以及理解来增强亲和力了：

漠不关心	质疑
批判挑剔	大量发问
缺乏信任	惊讶
恐惧	急切
紧张	担忧
感兴趣	困惑
好奇	反复无常
激情	兴奋

倾听的必要性

建立和保持亲近关系最好的办法之一是做个好的倾听者。我们都能听到别人说的话，但很多人不知道如何正确倾听。倾听是最重要的技能之一，无数人都口头强调过，但我们依然做得不够好。（乌比冈湖效应再次显现！）我们以为知道就代表能做好，但不幸的是，事实远非如此。研究表明，因倾听技能不佳而产生的误会占比高达 60%。即便是专业从事说服的人员——或许他们都自这些销售代表是倾听的专家——得到的倾听技能评分也并不高。当我们让企业买家对其他公司的销售代表进行评价时，50% 以上的买家认为这些销售代表说得太多了，而且和买家根本不在一个频道上。他们提问时，提的也都是不恰当的问题。当被问到关键问题——他们是否具有说服力时，仅有1% 的人给出了肯定答复。

人们常有的另一个错误印象就是，优秀的说服者都善于处理人际关系，都比较外向。这也是错误的。最新研究表明，内向者比外向者更具有说服力。为什么呢？因为他们倾听更多，他们能够发现听众的需求。相反，很多外向者会不厌其烦、持续不断向听众展示产品或服务的特质和长处，希望其中某个点可以打动听众。内向者则更善于察觉听众的要求和需要。外向者代表的是一种老派的销售人员，内向者则是听众需要的咨询对象。

我们知道，有效的倾听可以让你改变听众的想法并说服他们。优秀的说服者确实是优秀的倾听者。倾听的秘诀包括：

- 让听众更好地参与对话
- 让你传达的信息振聋发聩
- 让听众感到被理解

■ 帮助听众理解你给出的信息
■ 提供有价值的反馈，随时调整展示内容

　　为什么我们如此不善于倾听？一个重要原因是，我们说得太多了。我们以为，只要向听众提供多而长的解释就够了。这在有些场合或许是合适的，但是更多时候，听众会从情感上拒绝你。我们来直面现实：我们总是以自我为中心，只关心自己的利益，只热衷于自己的想法。我们说得太多，是因为我们感觉自己很重要，感觉自己知识广博，能够提供帮助，这本质上还是一种潜意识层面的自我中心。同时，说服过程中的关注点并不在听众，于是听众就走神了。

　　现在，让我们想想相反的情况：如果可以说得少一点，但投入我们所有的精力和注意力让听众感觉好一点，让听众显得更为重要，让他们的需求得到理解——如果他们能够感到你以他们为中心——那么，你就能与他们建立坚实的关系，获得他们的认可。听众不需要过量的信息。他们只需要感到自己的事对你来说很重要。他们需要对你的能力有一种信心，知道你能帮助他们找到解决问题的最佳方法，帮助他们找到拼图所缺的那一块。你必须清楚缺少的是什么，不然是找不到的。你如果没有倾听，就无法知道缺失的到底是什么。我们常常听到这样的话："如果我们一直在说，就什么也学不到。"

　　我们如何锻炼倾听的技能呢？首先，你要把倾听当成一种全面的体验——不仅要依靠你的耳朵，还要依靠你的心、大脑和眼睛来听。这个人到底想告诉你什么？把所有的信息都收集起

> 养成一种习惯：你来负责听，顾客来负责说。
>
> ——博恩·崔西

来。不只是他们的语言，还包括所有的信息——他们的声调和身体语言，他们的希望和恐惧。

　　说服力研究院所做的研究发现了优秀说服者与一般说服者在倾听能力上的差距。对比下面几项，看哪些是你可以改进的。

优秀说服者	一般说服者
耐心	急于进入下一个话题
让听众充分表达自己	直接跳到结论，做出假设
确保听众理解了自己的意思	过于草率地表示赞同
通过提问了解情况	不问清情况就直接进入下一阶段
让听众有时间思考和说完想说的话	打断听众的话
认真倾听	错误地预测听众下一步要说什么
合作，共同努力	提供一个预设的单边方案
倾听一切	选择性倾听
避免走神	思绪游离，容易走神
记笔记	没兴趣建立长期关系
提供语言和非语言支持	不做出任何支持性举动
能发现听众的担忧和失望	无法感知听众情绪
不会情绪化，能保持镇定	让个人情感掩盖理性判断
适时安静	说得太多
不评判听众	评判听众
提供让听众感到有所收获的信息	提供让听众感到被压一头的信息

　　我设计了一些练习、讲座以及训练来观察如何有效倾听。我向说服者展示了一个双赢的局面。我们选取了一种非常简单的方案进行角色扮演。为达到这个双赢的局面，所有观众都需要倾听并提问。然而，有

> 不能准确而有效地倾听，让这个国家每年损失了数以亿计的财富。
>
> ——美国著名营销策划丹·肯尼迪（Dan Kennedy）

95%的参与者开始对彼此感到愤怒，他们开始对抗，局面变得紧张。答案是非常明显的，但是没有人看到，因为他们都没有倾听。他们每个人都过于关注自己，求胜心切，以至于看不到全景。倾听是我们每个人都可以训练的技能。

如何确认你与听众的联系

我在前面讲了增强亲和力的过程中会遇到的一些障碍，以及你如何知道自己的做法并没能让你与听众建立起联系。但在听众并不会告诉你的情况下，你如何才能知道自己在与听众真正建立联系呢？最明确的信号是，听众最初的防范与怀疑开始消失。当他们的情绪开始放松，他们整个人就开始放松了。他们开始主动分享一些个人想法和感受，不用你再问了。他们会向你展露更多，抵触心理也减弱了。他们与你的眼神交流也会增加，身体语言也更开放。这点可以总结为"感觉对了"。这时的交流是自然、真诚、积极、愉悦的。就如同和一个好朋友聊天一样。

我们对增强亲和力的误解之一是，你们需要在每一点上都达成共识。关系亲近和意见一致是两种不同的状态。当你通过增强亲和力与听众建立了良好的关系，毫无疑问，你们会在很多事情上达成共识。但这只是附加的，并不是关键的。你与他人建立联系的能力不是建立在某种条件之上的。作为一个强大的说服者，你的说服力不能出任何意外。不论谁来到你的面前，你都必须具有说服力，也就是说，你需要接受不同的人，还必须尊重、倾听、关心他们。有些人或许认为我在共识只是连带效应的这一点上说得太多了。我们是否有可能与一个意见完全相左的人建立亲近关系呢？想想你的朋友和家人。你应该能想到一些你喜欢的以及与你关系很好，但与你对经济、政治或宗教问题的看法并不相同的人。

如何与人建立联系

现在让我们看看优秀的说服者是如何与人建立联系的——他们的实际做法。说服力研究院进行的一项研究发现了帮助听众与说服者建立起深厚联系的重要因素。看看下面的清单中是否有哪一项可以增强你的说服力。

■ 你没有预设判断或者期待

■ 不论是在说服前还是在说服过程中，你都是积极、愉悦的

■ 你非常清楚地表明你是来提供服务、协助的

■ 你是恭敬而有礼貌的

■ 你的身体语言是开放、友好的（眼神交流、姿势、笑容等）

■ 你的声调是温暖、友好的

■ 你的遣词造句经过深思熟虑

■ 你以一种自然、放松的方式说话，同时充满能量和激情

■ 你让听众感受到希望和乐观

■ 你的行为让人感到舒服和真诚，不矫揉造作

关于身体语言和其他非语言交流，我还可以说很多。关注这些是不是真的有用？绝对有用。你所做的每一个姿势要么会吸引听众，要么会惹怒他们。没有什么是没用的。如果有一种办法可以提升你的说服力，并帮助听众感到更舒服，与你关系更融洽，为什么不用呢？艾伯特·梅拉比安（Albert Mehrabian）是研究交流与理解的专家，他表示，我们说的话是从三个角度被听众解读的：

视觉的——身体语言，外貌：55%

听觉的——说话的音调：38%

语言的——实际说出的语言本身：7%

你可以看到，我们视觉上的自我展示，包括身体语言，是决定他人如何看待我们的一个因素。很多研究表明，交流中的大部分内容是

非语言的，人们经常更重视我们的非语言而不是语言交流（因此才有"行动胜于言辞"的说法）。我们中的多数人并不了解非语言交流的巨大潜力，也没有意识到非语言交流所能带来的巨大财富。你知道脸部肌肉可以产生 25 万种不同的表情吗？即便我们意识到了这些事，如何利用这些信息也是另一回事了。

你有没有看过自己被录下来的样子，是否觉得尴尬？多数说服者都意识不到他们有哪些非语言行为。一个增强意识的好办法是对着镜子练习，更好的办法是把自己说话的样子录下来。尝试与听众换位，从他们的角度来看待你自己，会教给你比方法更多的东西。

对身体语言的精通不但是对说服过程而言非常重要的能力，而且当听众找借口时，说服者也可以察觉。这是因为人们在说谎时是难以掩盖其非语言交流信息的。以下是说谎表现的简要列表：

被动的眼神交流	不自然的说话方式
不自然的眼神交流	摸脸的动作
犹豫的态度	增加的语气词

成功的说服者能够理解非语言行为。这种理解能力能帮助你发现听众的兴趣或者购买的信号。他们是做好买的准备了，还是依然抗拒你和你的信息？研究表明，优秀的说服者知道，一些面部表情、不断增加的效仿行为、眼神的变换以及询问特定问题的行为都可以表明听众已经被说服，并准备购买。花些时间学会辨识这些信号，对培养卓越的说服力而言是非常重要的。听众已经在告诉你他们做好买的准备了，你是否已经听到？还是继续絮絮叨叨说个不停？

如果你能够准确辨别听众的感觉和情感，你会更好地与他们建立联系，更好地说服他们。我们的心理与身体是两套系统，不管我们是否喜欢，我们的身体都会对情绪做出反应。观察得知观众的心理状态和情绪状态后，你便能决定下一步该说什么和做什么。非语言交流可以帮助你调整、监测和改善整个说服周期。

与人握手的简单行为是至关重要的。有时，这是你与听众进行身体接触的唯一机会，通常也是一种表示尊重的标志。握手可以传达出力量、屠弱、冷漠、温暖、担忧甚至不尊重的意味。听众会注意到你的握手行为，并从方方面面来判断。他们会根据如下因素做出判断：

眼神交流的频率	手的湿润／干燥程度
握手的坚定程度	握手的深度
握手的长度	握手时的姿势
握手的方式	对另一只手的使用

我们能以极快的速度和极高的准确率来解码一个非语言信息。非语言交流是由大脑的边缘系统来解码的，真实的情感表达和反馈都由这一系统控制。这些活动都是我们潜意识的一部分。因此，我们的非语言交流信息能够表达我们的情绪状态、感觉甚至紧张程度。记住，95% 的说服都是在潜意识状态下进行的。我们只需要去感觉就够了。这对非语言交流也是一样的：我们只需要用上直觉。

我们如何捕捉到信任、紧张、不安甚至恐惧呢？我们对非语言交流的感觉和反应一般在意识雷达捕捉不到的层面工作，并会在很短的时间内迅速发生。脸部的微表情转瞬即逝，仅会持续十分之几秒。这些表情是情绪的一种反应，基本不受控制。它们能够体现一个人的真实情绪或者感受。有趣的是，如果你让一个人来效仿或者有意做出表达某种情绪的表情，他们真的可以感受到那种感觉。研究表明，面部表情的变化与心理活动变化是密切相关的，能够反映真实的情绪或感觉。

辨别不同的个性类型

与他人建立联系和增强亲和力的一个关键是辨别出和你打交道的这个人属于什么个性类型。如果对方与你个性相似，那么你会发现建立亲近关系很快、很容易。如果对方的个性与你完全不同呢？我们此前也讨论过这个问题——作为一个优秀的说服者，你必须适应每个人的个性，不论他们原本是怎样的。不论你与听众能否擦出火花，你都要努力影响他们，帮助他们更好地做出决策。要通过与对方的个性进行调谐来实现这一点。如果你能够展示出一种让对方舒服的个性，那么你会更有说服力。如果他们感觉不舒服，即便你说的每件事都是对的，做的每件事情都符合说服理论的规定，他们依然会不为所动。我想你肯定也遇到过这种情形：你不想购买商品，仅仅是因为你不喜欢那个说服者，而不是什么别的原因。我们都是情绪动物，都希望喜欢那个正在说服我们的人。目标是，我们应该按照对方希望的方式，而不是我们希望的方式说服对方。

我从优秀的说服者身上学到的一点是，适应被说服者的前提是了解对方属于什么风格。在试图说服之前，首先应该适应对方的风格、偏好、愿望以及期待。你可以在首次见面时进行观察，并在随后见面时不断深入了解。

目前存在很多心理学家和其他社会学家建立的用于评估和分析个性的分类标准。如果你对人们的个性类型有大致了解，你就会找到深入了解对方个性的线索。以下是不同流派的社会学家给出的四种个性类型。

1组	2组	3组	4组
黄色	白色	蓝色	红色
支持的	反省的	有感染力的	指导性的
乌龟	松鼠	野兔	猫头鹰
平易近人	善于分析	善于表达	善于激励
支持/给与	保守/持有	适应/处理	控制/索取
协调者	思考者	社交者	指导者
观察者	感受者	觉察者	评判者

（续表）

稳重	谨慎	有影响力	有主导权
温和的	系统的	社交的	观点明确的
乐观的	忧郁的	冷漠的	暴躁的

我们就算讨厌分类，也会属于某一种明显的个性类型，或者至少有某一种个性倾向 —— 我们对某种刺激做出的行为和反应的倾向。也就是说，我们是一种行为可预见的生物。对说服大师来说，关键是要熟知人性，这样才能预测他们的个性特点。

对每一种个性的态度、特点和行为，都要高度警惕。优秀的说服者知道，不同个性有着巨大的差别：

善于表达 vs. 消极被动　　　　活泼 vs. 没有生命力

朋友 vs. 敌人　　　　　　　　结果 vs. 关系

傲慢 vs. 自卑　　　　　　　　操纵 vs. 真诚

观点鲜明 vs. 善于接受　　　　和蔼 vs. 冷漠

控制 vs. 听从　　　　　　　　兴奋 vs. 无聊

决断 vs. 犹豫　　　　　　　　没有耐心 vs. 宽容

随意 vs. 专业　　　　　　　　狡猾 vs. 诚实

幽默可以帮你与任何人建立联系

英国演员约翰·克里斯（John Cleese）说过："如果我可以让你跟我一起笑，我就能让你更喜欢我，你也就更容易接受我的观点。如果我可以说服你因为某件事发笑，这说明你已经了解了它的真相。"理解幽默在说服过程中的价值，可以给你巨大的助力。你的任务不仅是认识到幽默的巨大影响，还包括掌握一些能够让你恰当、有效地使用幽默的技巧。当你在展示的过程中越来越熟练地使用幽默时，你会发现幽默的作用很大。

优秀的说服者能通过使用幽默与他人自然而然地建立起亲近关系。我一直知道幽默对建立亲近关系有一定作用，但我的研究发现，幽默的作用远超我的预期。作为说服者，你的终极目标是给听众注入动力，让他们采取行动。你希望听众离开时能够受到启发，希望他们对未来充满希望。设想你的幽默具有一种疗愈作用，能够帮助听众建立起应对挑战的防御系统。曾任美国总统的德怀特·戴维·艾森豪威尔（Dwight David Eisenhower）说过："笑声可以缓解紧张，舒缓失望而带来的痛苦，增强我们的精神力量，以应对未来的艰巨任务。"当听众沉浸于你的幽默中时，他们就不太容易变得愤怒、沮丧、焦虑或者心怀怨恨了。你的幽默有一种多米诺骨牌效应，能够带给听众美好的愿望和积极的情绪。如果你可以帮助听众感到更愉快，你就打开了说服力和影响力的大门。幽默还可以提升精力和生产力，会让你的听众的积极情绪更为高涨。

研究表明，幽默具有以下作用：

- 创造一种积极的氛围
- 提高听众的注意力和参与度
- 让听众对你的解说留下更深刻的印象
- 让听众感到愉悦，充满力量
- 让说服者更招人喜欢
- 提升说服者的亲和力，使其与听众建立起亲近关系
- 提高听众的接受度
- 让听众更加信任说服者
- 消除消极因素、怀疑以及抗拒
- 引导听众不过度分析

但是，利用幽默时也必须非常小心。如果利用不当，幽默可能

具有冒犯性，让听众走到你的对立面。幽默应该是令人愉悦的，你在利用幽默调节对话节奏时要注意低调，不惹人反感。一个重要的规则是：如果你不善于讲故事，那么不要试图在说服过程中逗听众笑。你必须准备充分。不好笑的幽默是毫无效果的，甚至会起反作用。调整你的幽默，让它对你的听众适用。一旦听众感觉与你相处舒适，他们就更能听进你的信息，注意力也会更集中。就算没有人笑，也不要失望。事实上，很多人即便不笑，内心还是愉快的。如果听众笑了，不管他们是否表现出了笑意，你对他们的说服力都提升了。

说服者利用幽默，不仅可以与听众建立起良好联系，还能让听众对自己与自己传达的信息投入更大的注意力。幽默既可以增强你的信息，也可以削弱你的信息。我们发现，与你的信息相关时，幽默会起证明作用（在得到充分传达的前提下），但如果幽默是不相关的，那么它会扰乱你的信息。

幽默可以让听众的心情变好。当听众感觉舒服时，他们很少会不同意你的意见。一旦你与听众建立起亲近关系，他们会更喜欢你。幽默也会提升听众对你的信任。

我们可以通过长期、持续的练习，学习并掌握利用幽默的技巧。有时你会失败，但是坚持下去，你总会掌握让别人大笑的力量。这样一来，当你出现时，人们就会感到很高兴。他们也会更认真地对待你传达的信息。幽默会给你一种力量，让你以一种有效、积极的方式来激励和影响别人。幽默就意味着亲和力。例如，你应该注意到了，在每个章节，我都会使用兰迪·格拉斯伯根的漫画让读者一笑。他的漫画效果很好，可以让你在展示过程中与听众迅速建立联系。

效仿：同步的科学

效仿是人类的本性，人们愿意与他们建立起联系的对象保持同步。这样做时，我们甚至是无意识的。因为这种现象发生得很快，而且发生在潜意识层面，没有重放，一般人是很难注意到的。如果你可以意识到呢？这么做能让你更有说服力吗？研究表明，是的。效仿你的听众的行为，可以帮你与他们建立亲近关系。

效仿是在潜意识层面进行的，表示双方开始同步并建立亲近关系。人们倾向于跟随和听从看起来与他们相似的人。如果听众换了个姿势，你也可以跟他们做一样的动作。如果他们跷二郎腿，你也可以跷二郎腿。他们笑，你也笑。你效仿他们时，他们的潜意识会认为你与他们有很多共同点，可能事实上并非如此。为什么会这样呢？他们喜欢你，是因为你与他们相像。他看待你如同看待自己。当使用效仿技巧时，你希望听众在潜意识的作用下说出"我们一见如故"。效仿可以帮助你提高与任何人建立联系和有效交流的速度。

显然，效仿行为要表现得非常自然。优秀的说服者知道如何效仿和对听众的行为做出反应，而不是生搬硬套，东施效颦。如果人们发现你在模仿他们的一举一动，他们会觉得被嘲笑和受到冒犯。他们会认为你是个骗子，不再信任你。比起直接的模仿，你更应该效仿听众的语调或者行为。效仿他们的语言、姿态、姿势以及情绪是比较安全的。事实是，效仿是建立亲近关系的最佳预告。

你可以通过在以下方面效仿听众来增强亲和力：

情绪状态   精力水平

语言   呼吸速率

声音和语气变化

人际交往能力：建立牢固亲近关系的关键

有一个显而易见的原则，同时也是我们认为自己已经熟练掌握的技能，但事实上我们并没能掌握。调研发现，96% 的人对自己人际交往技能的评价超过了他们的实际水平。无法与他人和谐相处常常是人们丢掉工作的主因。无数研究表明，仅有 15% 的人事管理成功案例是对智力或技能的培训带来的，其余的 85% 源于与周围人相处的能力。为美国前总统罗纳德·里根（Ronald Reagan）和乔治·H. W. 布什（George H. W. Bush）担任公共关系顾问的罗杰·艾尔斯（Roger Ailes）曾经说："你能掌握的最重要、比其他任何东西都强大的人际交流技能，就是让人们喜欢你的能力。我把这点叫作'魔法子弹'。如果观众喜欢你，他们会原谅你做过的所有错事。如果他们不喜欢你，即便你每次都做对了，也没有什么用。"

这本书其实都是围绕这个主题展开的。现在我想集中谈一谈优秀的说服者掌握的一些关键能力。

1. 表示关心。表示关心意味着展示出一种真诚的友好，以及对对方最重要利益的在意。这意味着你的行为要经过深思熟虑，充满礼貌。这一点是所有交流的基础，会营造出一种相互关心的氛围。

2. 保持积极。人们希望与积极乐观的人相处。说服者要看到积极面，为听众带去希望。充满希望的信息会让人们表现出最好的一面，并为说服者建立一个积极的形象。

3. 记住名字。与人们建立亲近关系的最快途径就是记住他们的名字。试着在对话开始十秒钟内就使用对方的名字。喊对方的名字意味着你关心和重视他们。研究表明，这一点可以增加你的说服力。

4. 面带笑容。笑容可以留下较好的第一印象，代表着幸福、接纳和自信。你的笑容表明你对现状是非常满意的，你很高兴见到对面的这个人。结果也会让听众更有兴趣见到你。

5. 建立尊重。听众越尊重你，你就越有说服力。建立尊重通常需要一些时间，但是你能采取一些行动来加速这个过程。记住，你让人们产生何种自我感觉，常常会影响人们对你的感觉。

通过外形提升亲和力

不论我们是否喜欢，外形一定会影响我们获得和保持亲和力的能力。你的外貌、衣着、办公室风格以及饰品都是你的形象的一部分。形象体现在各种小事之中，很多时候人们会忽略，比如保持体形，注意体重，穿着得体的衣服，精心搭配服饰（比如珠宝、眼镜、耳环等）或者头发梳得一丝不乱。匹兹堡大学的一项研究表明，在迷人的外表和更高的收入之间确实存在着直接的正相关。事实是，具有吸引力的人比不太有吸引力的人更具有说服力。

关于外形，可以考虑以下几个方面：

发型	特殊发型
衣着	双手
体重	指甲
鞋子	珠宝
脸部	配饰

外貌的吸引力可以引发更多联想：

自信	稳重
有力	兴奋感
坚定	教养
温暖	社交与事业成功
和善	友好
威信	敏感

人生成就

你可以看到，有吸引力指的不仅是表面上的漂亮或帅气，而是从内到外的整体气质。当我们与异性接触时，吸引力的概念就更大了。有吸引力的女性比没有吸引力的女性更能说服男性，有吸引力的男性比没有吸引力的男性也更容易说服男性。这种吸引力能够起作用，是因为建立了一种积极的关系触发点，能够抓住注意力，建立自尊。如果一个说服者受人喜欢、积极乐观，这些特征便都可以增强吸引力。

相似感和亲切感如何增强亲和力

相似性原理表明，相较不熟悉的物品，我们更喜欢熟悉的物品。对人来说也是一样，我们更喜欢与我们相似的人。不论是在个人观点、个性特征、背景还是生活方式方面，这个理论都是通用的。在一场聚会上，你会发现人们会被和他们相似的人吸引。作为一个说服者，如果能让听众感觉与你有很多相似点，你与他们建立联系的能力就提高了一些。

下面是优秀的说服者希望找到相似点的地方：

价值观	态度
目标	道德标准
兴趣	外貌
过去的经历	社会经济背景
观点	故乡

下面是一些能帮助你找到共同点的办法（由优秀的说服者提供）：

■ 分享经历和个人背景

■ 表现出令人喜爱的个性

■ 保持专业的、精心打造的个人形象

■ 关注事物积极的一面

■ 分享知识和信息

■ 做一个积极的倾听者

■ 展现恰到好处的幽默

■ 做一个好的对话者

人们不喜欢被当成孩子一样对待，这包括提侮辱性的问题，表现骄傲的姿态，或者单纯态度傲慢，等等。优秀的说服者可以找到与听众之间的相似点，这将促进二者之间的吸引力。人们喜欢与相似的人交往和交流。这些共同点可以是朋友、性别、年龄、学习、教育背景、职业兴趣、邻居、爱好以及种族背景。优秀的说服者会尽量寻找更多的相似点。

空间关系学：空间的科学

美国人类学家爱德华·霍尔（Edward Hall）创立了空间关系学，研究人们如何利用、应对、配置以及占有周围的空间。我们都希望能有自己的空间，当人们进入我们的个人空间范围时，我们会感觉不舒服。研究表明，很多说服者急于在太短的时间内变得自来熟，我们对这点应该早有认知。这是对听众个人空间的不尊重——尤其是你们初次见面时——对增强说服者的亲和力毫无作用。很多说服者甚至不知道自己侵犯了听众的空间。比如，他们认为，与听众进行身体接触，如碰到他们的胳膊是一种热情和欢迎的表现，但这种姿势往往会令人反感。感觉像是什么呢？想象一下，你去一个有 150 个座位的电影院，只有 10 个人在看电影。按照社会习惯，大家肯定都会分开坐。你找到了一个位置，邻座的人距你有六七米远。如果这时来了一个陌生人，在电影院里有那么多空位的情况下一下子坐到你旁边，你是什么感受呢？这就是对你个人空间的侵犯。

理解空间关系学需要对领地和主导角色有一定理解。更大的办公室，飞机上的扶手，更宽的椅子，坐在会议室主席位置，凑近别人的脸——所有这些都有隐藏含义。听众不喜欢的身体接触和不当的插话时机都有可能破坏听众对你的喜爱，损害你的亲和力。要善于观察，看看听众如何看待你对空间的使用。宁愿多让出空间，也不要留出太少空间。

空间关系学真的有用吗？你与听众交流时是否选择保持距离，也会传达一定的信息。优秀的说服者对亲和力和人际交流有深刻理解，他们很尊重个人空间。你会发现，说服者与听众之间的空间会影响他们的互动，也会影响他们在互动中传达的信息。当我们坐在一张桌旁或是书桌两侧，我们双方都画下了一条看不见的个人空间的界线。当这条看不见的个人界线被侵犯时，紧张状态就出现了。我们都有一定领地或者空间，可以允许他人进入，也可以拒绝他人进入。当听众发出进入个人领地的邀请时，优秀的说服者是能察觉出的。

听众的个人空间是不应该被说服者侵犯的。在北美，这个空间是以脸为中心、半径 60 厘米的区域。多数互动发生在 1～3.5 米。对个人空间的偏好因人而异，也因文化而异。例如，在中东或拉美地区，这段距离会减半。在德国，这段距离又会加大。观看两个来自不同文化的人进行交流是非常有趣的。一个在不断侵犯对方的个人空间，另一个则努力抢回自己的个人空间。两个人像在跳舞一样，不断保持平衡，直到再次获得一个舒服的空间。

聚合所有力量

第一印象至关重要。如果你的车生了锈、掉了漆，不管能开多快、性能多好都无济于事。他人对一辆生锈的、布满灰尘的车的第一印象会限制你的说服力，你无法让他们相信这是一辆好车。创造和建立关系的能力对成为一个成功的说服者而言是关键的。

学会迅速建立联系并发展长期的亲近关系，会增强你的说服力。你需要精准地调整你的雷达，以理解如何更好地回应你正在说服的对象。第一印象将持续很长时间，而且难以改变。应用本书中介绍的这些原则会确保你的第一次会面进展顺利。一旦建立了初始联系，你就能集中精力保持真实、长久的亲近关系了。你会明确自己何时与听众建立起了联系和亲近关系。你的听众会处于放松状态。他们会感到愉悦、轻松，愿意与你交谈。你们的交流将会流畅、自然，好像在与一位老朋友聊天一样。

说服力技能 4

建立自动信任

　　信任在说服过程中至关重要。不幸的是，在我们生活的这个时代，人们比任何时候都更容易猜疑，难以相互信任。20 年前的思维模式是"我信任你，给我一个不信任你的理由"。今天的思维模式是"我不信任你，给我一个我可以信任你的理由"。你可以说信任已经跳水到了历史最低点，并在持续走低。过去那些人们不论来自何方，心中始终持有信任底线的日子已经一去不返。一项民意调查显示，多数人认为与人打交道时应该格外小心。另一项研究表明，在过去的 24个月，仅有 4% 的答复者对与他们打过交道的说服者表示完全信任。

　　这对作为一个说服者的你意味着什么？这意味着，你不能预设人们会信任你。这个预设是常见的说服预设中的一个。很多说服者认为，只要他们非常友好，并能让人们感到舒适，人们就会自动信任他们。研究表明，事实与此相距甚远。说服力研究院做过一项研究，在全程观察了某个说服场景后，研究人员询问说服者和听众双方，他们建立起的信任程度如何。仅有 12% 的听众信任说服者，然而却有88% 的说服者认为他们与听众之间建立了信任。更安全的预设是，你的听众将你视为他们不信任的世界的一部分。不要认为信任的存在是理所应当的。你必须努力赢得和迅速发展起真实、持久的信任。事实上，优秀的说服者拥有迅速建立信任的能力。

　　你可以拥有世界上最棒的产品，但是如果无法获得信任，就没有说服力可言。信任可以是一个充满歧义的概念，但有一些事情是十分明确的：一、你如果不信任自己，就不能让别人信任你；二、你首先要说服自己，才可以说服别人。

> 如果你的鞋是漏的，那么带一把伞也没用。
>
> ——爱尔兰谚语

　　当有人试图影响我们时，我们不禁会问自己："我可以信任这个人吗？我相信他吗？他真的关心我吗？"如果我们发现试图说服我们的人仅仅是为了个人利益，我们是很难被影响的。信任是凝聚整个说服过程的黏合剂。你如果可以将听众的利益和诉求置于优先位置，就有机会创造信任。很多时候，当听众认为你的言行一致、可以预测时，你也会与他们建立信任。对有些人而言，信任是一种大胆的尝试。他们只是想要和需要相信说服者的初衷对他们有利。研究表明，从本能上讲，人们是希望信任他人的。

　　如果你不觉得你的听众会自动信任你，那么你的下一个关注点应该是如何尽早在说服过程中建立信任。为了做到这一点，你首先要理解信任的运作机制。多数人不知道为什么他们对一些人的信任胜过对另一些人的。通常情况下，这背后是没有很多理性思考的；更常见的情况是，信任往往是对特定对象的一种直觉或者感觉。

　　你的听众会用直觉来感受你，确定他们是否应该信任你，以及应该在多大程度上信任你。随着交谈继续，你的可信度会逐渐降低。这意味着你应该立刻让听众认为你值得信任，甚至在你的听众了解你之前（因为不管公平与否，他们在这个时刻已经开始评判你了）。然后，你应该通过你的交流和回应展示给他们看，这种信任感是非常诚恳的。获得信任并在短期和长期维持信任对一个说服者来说是至关重要的。

这里有一些例子，在这些情况下，信任无比重要。明确这些情况后，你便可以更好地付出有效的注意力和精力来建立和发展信任。

- 这是你第一次见到某个人
- 社会对你的行业有一些错误理解或错误观念
- 你的听众从未听说过你的产品
- 你的听众对你的公司一无所知
- 你的听众认为价格太贵
- 是你或你的公司主动联系对方的
- 你代表的公司过去业绩不佳

你的职业会增强或削弱听众对你的信任感。比如，医疗从业者获得的信任要高于律师。个体对特定行业或职业的信任不仅是基于经验的，更多时候来自传言或声誉（尤其是在缺乏与该行业接触的直接经验时）。说服力研究院针对不同职业的信任水平设置了投票，在五年的时间范围内，我们看到信任度大概下滑了5.6%。在有些领域，信任水平保持一致；在少数领域，信任水平略有提升。

以下是说服力研究院基于不同职业的信任水平的最新发现。这些数据是否精准并不重要，我们关注的是事实。满分为100%。

职业	信任水平	职业	信任水平
消防员	65%	公司高管	34%
护士	58%	电脑销售员	33%
教师	57%	房地产经纪人	32%
工程师	56%	房屋修理工	31%
会计	55%	建筑承包商	30%
药剂师	54%	珠宝商	29%
大学教授	53%	汽车修理工	28%

（续表）

牙医	52%	工会领导	27%
兽医	51%	州长	26%
警察	50%	律师	25%
神职人员	49%	记者	24%
小企业主	48%	大企业	23%
医生	47%	电视新闻	22%
整脊师	46%	枪支销售员	21%
法官	43%	保险销售员	20%
护工	42%	广告业者	19%
军官	41%	证券经纪人	18%
丧葬业者	38%	直销人员	17%
银行家	37%	国会议员	15%
疗养院工作人员	36%	汽车销售员	7%
房地产投资商	35%	电视营销人员	6%

> 当所有条件都一样时，人们愿意或更倾向与他们认识的、喜欢的、信任的人做生意。
>
> ——美国营销学专家鲍勃·伯格（Bob Burg）

信任的 5 个 C——没有信任，就无法说服

我们已经建立了一个概念，就是作为说服者，我们不能假设自己是被听众信任的。我们如果希望掌握说服技巧，必须确保信任不仅在我们与听众接触初期就建立，而且可以保持很久。现在，我想向你介绍立即建立真实、持久的信任的 5 个秘诀。我把这 5 个秘诀称为"5

个 C"——品格、能力、自信、可靠性和一致性。如果这 5 个 C 中的任何一个未达标，你获得信任的能力就会被削弱，也就意味着你的说服力不会持久。现在，让我们看看优秀的说服者应该掌握的 5 个 C 的内容。

品格

品格（character）是将一个人与其他人区分开来的特质的综合体。是这些内在品质让你成为你——而不是你有时拼凑起来的外部假象。你是谁？当没有人注意到你，或者你不需要在别人面前表现自己时，你会做什么？当你对别人无所求时，你会如何对待他们？品格也是由正直、诚实、真诚、可预见性等品质组成的。我将性格视为一个人成功的基石。如果成功来自有问题的人格、动机和行为，那么这种成功就无法影响深远或持久。在《高效能人士的七个习惯》（*The Seven Habits of Highly Effective People*）一书中，史蒂芬·柯维（Stephen Covey）讲述了一个极具说服力的例子，说明了品格对一个人最终能否成功有着关键作用：

> 如果我试图用影响他人的策略和驱策他人的技巧让他们按我的意愿行事，更好地工作，获得更多动力，喜欢我或彼此友好相处，但我的性格却充满缺点，比如惯于欺骗或者不真诚，那么长远来讲，我是不会成功的。我的欺骗会滋生不信任感，我做的每件事——即便使用了所谓的人际关系技巧——也将被视为有意操纵。不管表面说得如何天花乱坠，目的如何纯良，都毫无用处。如果关系中缺乏甚至不存在信任，那么就不会存在任何能带来长远成功的基础。

　　《新闻周刊》（*Newsweek*）发表过对品格在工作场合中作用的研究。我在其报告中读到，当今的上班族对欺骗是很宽容的，对于这点，我很吃惊。很多人认为撒谎和欺骗是可以接受的。《新闻周刊》的发现并不是特例。另一项调研也表明，有一半以上的被调研者存在违反道德甚至法律的行为。在我个人对说服者的训练过程中，我也发现很多人公开表示希望自己能够更加诚实、正直。

　　我的观点是什么呢？对诚实和真诚的不尊重是普遍存在的，但它最终会让你受其所害。人们会察觉伪装和欺骗的存在。即使他们没有立即指出，但是随着时间推移，不诚实的人也会露馅儿。真诚一词"sincerity"的拉丁词根是"sincerus"，意思是"没有打蜡"。这是因为纪念柱的雕刻者有时会为了掩盖自己的失误而给柱子打蜡，这样就可以让作品看起来毫无瑕疵。但是随着日积月累的风化过程，最终这些瑕疵还是会显露。基于此，我们会以"没有打蜡"或者"未经伪装"来形容一个诚恳的人。这在人际交往中也是一样的。欺骗或许看起来无害，还会为我们带来短期利益，但绝对不会为我们带来任何长久的利益。它只会让别人对我们的看法和印象更坏。

　　对一个说服者来说，最糟糕的事情莫过于你的听众不会直接指出你不诚实或者欺骗了他们。他们不会告诉你他们认为你在撒谎。他们只是永远不会再与你合作了。他们还会在你看不到的地方向自己的家人和朋友讲述你给他们带去的糟糕体验。

> 　　品格不可能在安逸和平静中得到发展。只有通过艰难和困苦的磨炼，我们的内心才能变得坚定，视野变得开阔，雄心得以振奋，从而实现成功。
>
> ——美国作家、教育家、社会活动家海伦·凯勒（Helen Keller）

即便你是一个诚实的人，拥有令人尊敬的品格，但人的本性使然，人们还是会泛泛地评价你，在不了解全面的情况下形成观点。因此，你如果想获得真实的信任和持久的说服力，就必须避免表现出可能会被误认为不诚实的任何细节。如果你将自己置于可能让别人质疑你为人或品行的境地，那么你辛苦积累的全部声誉都将难以保持。美国 19 世纪的一位牧师菲利普斯·布鲁克斯（Phillips Brooks）曾经教导人们说："品格是由我们人生中的点滴时刻构成的。"在处理所有这些小事小节的过程中，我们都应该关怀他人、诚实、乐于助人。不要为了让故事听起来更好而进行粉饰，不要为了让自己看起来更好而遗漏信息。要将他人的利益和关注点置于自己之前，并坚持下去。在处理任何事时，都要练习自律、自我控制和自我把握。良好品格意味着知道哪些事是正确的，希望做正确的事，以及去做正确的事。

亚伯拉罕·林肯（Abraham Lincoln）为所有想要培养良好品格的人提供了一个榜样。他曾说："当我结束任期时，我希望留下一位朋友。这位朋友就是我的内心。"从这句话中，我们可以看出林肯执政期间受到了非常尖锐、苛刻的批判。然而，他总是坚信和坚守他所认为的正确和正义。

能力

能力（competence）指你在特定领域内的知识和本领。真正的能力来自终身学习与经验积累。能力可以分为多个层次。当我们远距离观察或第一次见到某个人时，我们之间的交往经历有限，我们便会在潜意识中预设他们的能力水平。这种假设一般是基于外部条件的，比如他们的职务、位置、身高、衣着、仪态、坐驾、家庭或者办公室的装修风格、说话的方式和声调、举止甚至他们使用的电子产品。这些第一印象都是很重要的，会决定人们是否愿意继续合作。但作为其中一方，你必须保证自己是真正有能力的——而不仅仅是看起来有能力。你声称能做到的事情真的能做到吗？你能交付成果吗？你的听众也认为你拥有那些技能、知识和资源吗？你的深层次能力水平是否会随着人们与你的交往和合作而更加明显呢？

　　一种让你保持能力的方法是终身学习。我们认为，持续学习和不断提升教育水平的人是有能力的。我记得我去买电脑时，对某款产品，我比售货员还了解（实际上我掌握的信息也不算多）。为了掩盖知识上的匮乏，这些售货员在回答我的问题时一再虚张声势。如果他们能够不断更新关于自己的产品、领域和行业的知识，他们将成为有能力的专业人士，而不会像现在一样失去我的信任——也就不会失去我这个顾客了。你要做的是成为你所在领域中最优秀的一员，展示出你对你所在领域的精通。在你专属的领域，你应该比其他99%的人知道得更多。

> 下面是一些可以帮助你获得和提升能力的实用方法，这里的能力既包括你的实际能力，也包括别人对你能力的印象：
>
> | | |
> |---|---|
> | 学位 | 广告宣传 |
> | 职业声望 | 声誉 |
> | 有分量的合作经历 | 外部环境 |
> | 激情 | 公开发表物 |
> | 资格证 | 名人推荐 |

自信

　　杰伊·康拉德·莱文森（Jay Conrad Levinson）在《游击营销》（*Guerrilla Marketing*）一书中表示，自信（confidence）是说服人们购买商品的首要原因。自信可以带来信任。在做每一件事时都展示出自信，可以增强别人对你的信任。我看到很多能力平平的人比一些有天分的人能够更有效地影响别人，只是因为他们展示出了更强大的自信。我们尊敬的和想要与之看齐的人，正是那些知道自己想要什么和如何实现的人。你能想象你想去买一样东西，但是售货员看起来非常不安的情形吗？我相信在这种情况下，你的购买意愿应该会降低，即便你一开始是想买的。

缺乏自信的人是很难说服别人的。当你看起来不够坚定或者缺乏信心时，你的听众也会有同样的感受，他们对你的产品、想法或者任何你想展示给他们的东西都会有同样的感受。你不能拥有100%自信的时候，也不要恐慌。只有通过经历、时间、练习和耐心，你才可以达到充分自信的状态。

> 缺乏自信的人有如下特点：
> ☐ 面对批判会进入防御模式
> ☐ 无法承认自己的真实能力和局限
> ☐ 不理会他人的建议或意见
> ☐ 不愿从失误中吸取教训
> ☐ 设定不切实际的目标，有不切实际的期望
> ☐ 将问题作为不去尝试的借口
> ☐ 事情出现问题时指责他人
> ☐ 回避新挑战，一味求稳
> ☐ 不断重复会让自己泄气的举动
> ☐ 凡事往坏处想，往往结果也很糟糕

正是因为自信的关键作用，了解阻碍建立自信的原因十分重要。一言以蔽之：恐惧。所有的怀疑、问题、担忧和不安感最终都可以追溯到对某件事情的恐惧上，不管是深藏内心的还是在表面上的。你需

要确保你对成果的追求和信心要强过你的恐惧。你的听众会有何感受呢？你会害怕拿起电话来打吗？克服恐惧的愿望必须压过恐惧本身。当你产生恐惧，恐惧会滋生怀疑，吸取你的精力。当然，感到恐惧是正常的，但是你必须学会应对和管理恐惧。下面是一些阻碍你建立自信，让你产生恐惧的可能性：

缺乏信念	消极心态
重复失败	举棋不定
有害想法	犹豫不决
过度担忧	情绪化

你或许在想：看起来过度自信也会影响说服力？答案是：是的。你不应该表现得过于自大或傲慢。如何辨别其中的区别？要看初衷。自信来源于真诚服务的初心——你可以为对方带去变化，你知道你可以出色地完成任务。你知道你拥有完成工作所需的工具、资源、能力以及意愿。与之相反的是，自大源于要服务自己而非他人的心态。深入来讲，自大实际展现的是安全感的缺乏——这恰恰是自信的反面。最显著的区别就是意图。自大者从错误的源头，用错误的方法，为错误的原因去寻求证明、认可和荣誉。他们实际是在寻求安慰。自大者以自我为中心，自信者以他人为中心。自大者关注的是说服者，而自信者关注的是听众。

如果你的听众从你身上感觉到了任何傲慢或者优越感，你就没有希望了，这和你不够自信是一样的效果。即便你说的、做的都对也无济于事。如果你的行为浇熄了人们的激情，那么你再怎么表现都无济于事。他们如果不喜欢你，是不会被你说服的。下面是一些帮助你避免看起来过度自信的建议：

■ 对反馈或批评持开放态度

■ 愿意倾听——不要总做说话方

■ 敢于认错

■ 对自家产品和竞品的长处和短处开诚布公

■ 不打断别人的话

■ 通过询问表现关心，确保自己清楚听众的需求和想法

■ 借助外部力量（证书、证明、推荐等），而不是自吹自擂

可靠性

说服力研究院曾开展问卷调查，询问调查对象 5 个 C 中哪个因素是最重要的，44% 的调查对象选择了"可靠性"（credibility）。有趣的是，虽然可靠性很重要，但是调查对象表示，仅在 11.4% 的情况下，说服者具有可靠性。为什么会出现这样令人沮丧的评价呢？与以往相比，现在的可靠性变得很难获得。多数消费者都比较老练，会对满眼夸张、缺乏实证支撑的促销广告充满怀疑。一朝被蛇咬，十年怕井绳，人们对试图说服他们的信息是十分抵触的。

如何改善缺乏可靠性的情况呢？以下是一些优秀的说服者用来提高自己可靠性的方法。

1. 在这个充满质疑的世界，你的交流对象无时无刻不在寻找弱点。就算你不向他们展示出一些弱点（个人或产品的），他们也会自己找出来。优秀的说服者会通过展示出明显的弱点来增强自己的可靠性，然后将那个显而易见的弱点转化成有吸引力的长处。

2. 可靠性是靠持续的准备而日积月累的。优秀的说服者从来不靠即兴发挥或是机会。如果听众觉得你应该知道答案，结果你却不知道，那么你在他们心中就会失去可靠性。你需要精心准备、排练并不断打磨你的展示方法，持续研究你的听众。

3. 你的听众会在 30 秒内对你建立起评价。你看起来怎么样？你们交流得如何？你能保持眼神交流吗？你的外表是否专业、经

过精心打理、符合听众的期待？

4. 当你陷入了可靠性很低的境地，或者你的听众并不认识你，你可以从他人那里借来可靠性。有人可以推荐你吗？是否有人已经在听众心中赢得了可靠性，而他们可以介绍一下你？学会从那些近期获得满意服务的客户口中寻求证明。

5. 破坏可靠性的最快的办法就是说竞争对手的坏话。你不需要用打倒别人的方式来为你自己的产品或服务说话。如果你不能凭借产品或服务本身的质量来说服别人，那么你应该考虑转行了。如果法律赋予你的顾客知悉竞争情况的权利，你可以提供途径让他们自行判断。

6. 利用可信的事实、图表、数据或研究增强你的展示的说服力。永远不要假设听众会默认你是可靠的，从而不去借助任何外部资源。永远要记得利用外部资源。你的听众总是先相信别人，而后才会相信你。

7. 找到可以展示你的资质的正确方式，而不要只是自吹自擂。你需要展示你的专业性、资格证书、教育水平以及工作经历，这样才能以一个专家的形象出现。你在听众心目中成为专家的那一刻，就会收获他们的注意力。你要向听众展示你之所以是专家的理由，告诉他们为什么你有权向他们介绍产品、服务或者想法，并说服他们。

在解释或展现可靠性的过程中，你需要非常小心。如果你只是一股脑地列出你的成就、教育背景或者头衔，听众会把你看成一个自我中心的人。你需要选择间接而非自称的方式向听众展示你的能力。比如，你可以把学位证书挂在墙上，请他人简要介绍或者推荐你。你可以通过让他人证明你的方式从他人处借来一些可靠性。可靠性也可以被扩展描述为"值得信赖、有良好意愿、有活力、外向、善于社交、镇定和专业"。

信任是基于依赖建立的。你能够做到一以贯之吗？你是一个信守诺言的人吗？当你赴约时，你能按时到达吗？当你为别人做什么事情时，你能兑现诺言吗？你认为他们会忘记吗？他们不会。他们只是不会再提而已。当你做出承诺后，你是会去兑现，还是找各种理由和借口推脱？要成为可信的人，兑现所有的承诺。可靠性是"一个说服者在整个展示环节能够控制的最大变量"。

其他展示可靠性的方式包括采取一种镇定、有条理、权威的风格。太过情绪化或者慌乱紧张会让你失去可靠性。想一想那些最成功的律师或者首席执行官。不管时间多紧张，你从来不会看到他们跑着进办公室，把东西扔到桌子上，一屁股坐在椅子上。他们会始终保持镇定。因为他们必须呈现出一种权威和一切尽在掌握的气质。陪审团研究表明，工作有条理的律师比缺乏条理的能给人准备得更加深入、充分的印象，当然也更容易在他人眼中显得可靠。

> 如果你的客户有如下反应，你需要确认一下你的可靠性了：
> - 打电话抱怨
> - 不只购买你的商品或服务
> - 需要参考资料
> - 取消与你的预约
> - 不与你做第二次交易
> - 需要其他人的证明或推荐
> - 不回电

另一种提高可靠性的方法是诚实地展示产品的弱点以及与竞品的对比。你的听众在寻找弱点，就给他们提供一个。如果你不给他们提供弱点，他们就会自行在你身上或者产品上找出一个。不然，你的听众会认为你提供的产品太好而不够真实。展现弱点能让人们感到比起那些刻意掩盖产品弱点的人，你更真实和可信。优秀的说服者还可以将弱点转化为卖点。想想以下这些例子：

■ 安飞士租车（Avis）——我们是第二名，我们更加努力

■ 李施德林漱口水（Listerine）——你一天会讨厌两次的味道

■ 七喜（7-UP）——非可乐

■ 欧莱雅（L'Oreal）——你值得拥有

■ 大众甲壳虫（VW Bug）——大众会丑得更久一点

■ 胡椒博士（Dr. Pepper）——不是可乐

■ 亨氏番茄酱（Heinz Ketchup）——因为浓稠，倒出较慢

■ 盛美家果酱（Smucker's）——顶着盛美家这样的名字，东西必须好

当你把弱点转变为积极因素时，你的听众将对你的开诚布公表示欣赏。你不该表现出很强的防御性，回避听众或者他们的问题。你要让听众理解你的思考过程。我并不是说你应该对产品或者服务毫无保留。我的意思是，你应该提供一个你之所以在做你所做事情的理由，主动与听众分享他们需要的信息。

当我们坦白我们的错误或弱点时，我们的可信度就提高了。人们会原谅弱点，但人们不会那么容易原谅粉饰弱点的行为。我们常常看到，说服者就算对自己的弱点或者缺点开诚布公，依然可以完成交易。长此以往，你的诚实将成为赢得客户的特点。就算是遭到拒绝，也好过遮遮掩掩最后被听众自己发现。如果你的听众仅能从你口中听到积极的信息，你就会失去可靠性。在说服力研究院，我们分析了数以千计的客户反馈。那些没有成功的交易有一个共同的特点：看起来太好了，反而显得不真实。这些说服过程看起来都是合理的，但是听众却不会买账。当我们在说服过程中诚实地展示自己的缺点时，成交率往往还会增长。

撒谎会降低你的可靠性。多数说服者认为，只有当他们被当场戳穿时，他们的可靠性才会受到影响——但事实上，他们被戳穿的次数比他们想象中要多。我们发现，多数人并不会在你撒谎的时候抓你现形。他们会感觉到你没说实话，会在脑中记录下来，之后便会一走了之。你认为自己没有露馅儿，但他们会察觉。不论你如何称呼这类行

为 —— 撒谎、说假话、不诚实、创意、虚构或者欺骗 —— 它都会降低你的整体可靠性。

你已经知道，混乱的大脑会做出拒绝的反应。与此相关的危险是，当你不能通过任何额外方式证明自己的可靠性时，听众会把自己对你可靠性的看法加在你身上，也就是对你这个说服者进行评价。听众对你展示的话题带有的情绪色彩越强，或投入的金钱越多，建立可靠性就越难。（高投入会提高怀疑，高可靠性会降低怀疑。）听众对一个特定问题参与度低（且问题并不重大）时，会倾向于听从其他资源（包括你在内）的建议，因为与他们自己去努力分辨相比，借助其他资源可以动用更少的精神资源或情绪投入。

一致性

优秀的说服者能够保持一致性（congruence），但什么是一致性？当事物完整统一时，我们不会发现，但当有些元素缺失时，它会有意或无意地抓住我们的注意力。一致性指的是你的言行互相匹配，前后一致。言行的匹配和一致对于与合作伙伴建立信任是至关重要的。在生活的方方面面，你越能保持一致性，他人就越能将你看作一个诚实、真诚的人。如果你践行诺言，你会更加真实，信任的大门会更大地向你敞开。当你能够做到言行一致，你就不再需要操控或伪装你的行为了。

一项针对牙医的研究非常有趣。研究人员在报纸上登广告，征求志愿者参加一项痛苦的牙齿诊疗。第一个令人惊奇的事实是，人们愿意参与。在研究的第一部分，研究人员请牙医假装为病人使用止痛药，实际上给的药是安慰剂。随后，医生会按照正常流程开始操作。参与这部分研究的病人在看牙过程中感到了疼痛。

在研究的第二部分，研究人员告知牙医使用同样的操作流程，不过这一次，他们会使用真正的止痛药。当得知医生会进行麻醉时，大多数病人没有感到疼痛。然而事实是，在医生和病人都不知情的情况下，止痛药同样被更换成了安慰剂。即便牙医认为他们对两组病人进行了同样的操作，但第一组病人察觉了牙医行为上的不协调性。他们在意识或潜意识层面知道有些事情不对头，因而感觉到了疼痛。

你的行为是否与你的过去、你与客人最近的一次交往以及你的声誉相符？你的非言语行为与你的行为一致吗？你的情绪与你传达的信息一致吗？你的听众对你和你的信息有何期待？当你的过去和你的信息不匹配时，认为你信息不协调的判断将显露在听众脸上。听众将产生怀疑，他们会在你或你的信息中寻找破绽。这种不一致性将会降低你施加影响和信任的能力。因为人类天生具有发现谎言的能力。当我们希望伪装出一致性的假象时，我们必须花费时间和精力来粉饰我们的信息。

哪些非言语信息会引发信息不协调以及欺骗的感觉？

强迫性的眼神交流	在椅子上不停换姿势
摸嘴唇	抓脸
眼神放空	打哈欠
音调升高	

---

5 个 C 共同帮你建立深厚、持久的信任

我们研究了信任及其在说服过程中的重要作用，包括被称为 5 个 C 的关键因素：品格、能力、自信、可靠性和一致性。对于有力的、持久的信任来说，5 个 C 是关键因素。获得信任就如同获得一辆被调试得顺手的车，车的引擎和所有零部件都在协调工作。5 个 C 中的任何一个对获得信任都不可或缺。让我来用一个故事说明这些因素如何

共同起作用。想象一下你正在经历极度的牙痛。你已经很长时间没有去看过牙医，能拖则拖，但是现实告诉你已经来不及了。你刚刚搬了家，原来的牙医距离你1400英里，已经不算一个备选了。你让朋友和邻居介绍牙医给你，他们给了你下列五个答复：

1. "我的牙医性格很好。他跟我是一个教会的。他是我认识的人中最诚实的一个。但是，他能力不行。我听说他最擅长用针刺穿病人的脸。"

   你会选择这个牙医吗？

2. "我的牙医毕业于这个国家顶级的牙科学校，是这个国家顶级的牙医。他能力极高，只是品格低劣。事实上，你需要再等两个月才可以见到他，他因为诈骗保险金坐牢了。"

   你会选择这个牙医吗？

3. "我的牙医是个非常好的人。他非常善良，言必行，行必果。但他对工作不是很自信。一次他对我说：'我不太会看X光片。我不确定我应该给你做根管治疗还是放着那颗牙不管。'"

   你会选择这个牙医吗？

4. "我不确定我的牙医是否有营业执照。我在他的墙上没找到学位证书，好像也没有人知道他在哪里接受的教育。他的诊室里也没有最新的设备。他不接受保险，总是收现金而不是支票。他那里的一切看起来都很不可靠。"

   你会选择这个牙医吗？

5. "我的牙医人很好，但是他好像有所隐瞒。他所说和所做的看起来不大对劲。他的做法总是前后不一。他告诉我的和我自己感觉的不一样。我想他对我有所隐瞒。总是感觉很可疑。他这次告诉我这么办，下次又告诉我那么办。你永远不知道哪个是对的。"

   你会选择这个牙医吗？

　　我相信你会花更多时间去找一个符合所有标准的牙医，而不是找一个哪怕其中一项没有达标的牙医。如果一个人缺乏其中的一项标准，他 / 她建立、获得、保持信任的能力的方方面面都会受到影响。作为一个说服者，不要假设人们一开始就会信任你。你要说服听众，不管遇到何种情况，你都是一个值得信任的人。

如何改进

> 一个不能信任自己的人是无法信任别人的。
> ——法国红衣主教莱兹（Cardinal de Retz）

　　最后，我列出了以下有损信任的行为。看看你是否可以在某些方面做出改善。

忽略承诺	不可靠
过度承诺而无法交付	掩盖失败和弱点
责怪他人	不讲逻辑地滥用情绪攻势
推卸责任	态度冷漠
不好接近	从不道歉
闲言碎语，隐瞒事实	掩盖失误
假设人们完全信任你	展示出的产品虚假完美
为证明自己的观点添油加醋	情绪化，不可预测

丢了尾巴的狐狸

　　有一天，一只狐狸的尾巴被陷阱夹住了，他挣脱了，但尾巴却断了，屁股后面留下了难看的一截。起初，他感到非常丢脸，不愿面对其他狐狸。后来，它希望给自己转转运，便把狐狸们都召集起来进行讨论。大家都到齐后，狐狸提议它们都砍断尾巴。它指出，当被敌人追赶的时候，拖着尾巴是非常不方便的。它还表示，它们想好好坐下的时候，尾巴又是多么碍事。带着这么一条没用的尾巴，它看不出有任何好处。"听起来确实不错。"一条明智的狐狸说，"但是我想，如果你没有意外丢了你的尾巴的话，你是不会建议我们扔掉我们身上最漂亮的东西的。"

寓意：你的听众会思考，你在其中到底会得到什么好处。他们可以信任你吗？你为什么要提供建议？他们应该信任你吗？你让他们去做的事情，你自己会做吗？

第 七 章

说服力技能 5

利用权力和权威获得注意力

优秀的说服者清楚和理解如何利用各种形式的权力，但如果你像大多数人一样，你其实会畏惧"权力"这个词。我们应该讨论权力吗？权力是好还是坏？我们能在观众眼里拥有权力吗？

答案如何，取决于权力是哪种形式的，被如何利用，利用者的出发点是什么。我们在不同的情形下拥有不同形式的权力。人类会本能地尊重和遵从权力的指挥和专业的建议，权力当然有合法的、合理的和必要的用处。当然，我们知道，权力也可被用于不道德的目的，比如操控与支配。当你的听众信任你的权力，你将会拥有强大的说服力，让他们行动起来。怎么能让他们信任你的权力或权威呢？他们为什么会信任你的权威呢？当你能够帮他们获得需要或渴望的东西时，他们便会信任你的专业和权威性。这种东西可以是一件产品、一项服务、一个奖品、自由或者某些信息。

权力与强力不同，区别在于目标和出发点。权力能够创造信任，增强力量，并赋能予人。强力则必须时刻得到保持、强化和保障。强力会消耗人们的能量和生命。真正的权力能够鼓励、引发、带来团结与协同作用。权力会让我们倾听并听从。强力让我们怀疑并离开。心理学家大卫·R.霍金斯（David R. Hawkins）说得最好："权力会赋予生命和能力，强力却会带走这些。我们注意到，权力与同理心有关，让我们更加积极地看待自己。强力与评判有关，让我们对自己产生怀疑。"

　　注意，权力或强力并不需要通过行使才能生效。当银行抢劫犯手握一支枪气势汹汹地站在那里时，他有权力，他不需要用开枪来展示他的权力。一个警察坐在车里时也自然拥有权力，即便她没有打开警笛和警灯追赶你。一个医生穿起白大褂时也是如此。我们在学识渊博的大学教授身上同样可以看到这种力量。知道你的老板有权炒你鱿鱼，即便她没有做出任何威胁，她依然会因为职位本身的高低而在你面前拥有权力。与此类似，当你知道听众需要或者想要什么时，这种对事实的掌握会自然而然地将你放在一个更有权力、更加专业、更为权威的位置。

　　人类天性喜欢寻求权力。整个世界基于权力运行。如果没有权力，世界将混乱无序。法律体系拥有解释法律的权力。军队和警察拥有执行法律的权力。经理拥有开除不诚实员工的权力。父母拥有教导孩子的权力。在我们的心理、文化和社会中，权力无处不在。弗劳德·奥尔波特（Floyd Allport）是一位社会心理学家，在他的著作《社会心理学》（*Social Psychology*）中，他讨论了这个显著的特征。他认为，每个人在内心深处都希望能够影响别人的行为。他还指出，随着我们年龄的增长，这种欲望会更加强烈，变为一种对控制的渴望。

　　为什么权力如此具有诱惑力？当我们对环境拥有权力和控制力时，我们感到自己很强大、不可战胜，并为此感到兴奋。如同亚伯拉罕·林肯所说，"几乎所有的人都可以战胜逆境，但如果你想考验一个人，就给他权力"。

　　问题来了：是什么决定了行使权力是一件好事还是坏事？权力让我们感到焦虑，这是有原因的。我们看到了很多滥用权力的例子——令人悲哀的极度滥用。我们同样感到权力会阻碍个人自由，损害我们控制人生的能力。我们都有过违背意愿做一些事情的经历，也见识过一些人用错误的方式随意使用权力。这些过往经历正说明了为什么追求权力会让我们有种不安定的感觉。很多人认为权力仅仅意味着去主导什么，代表着强迫、强力、力量甚至是控制。当然，这些行为都可以成为行使权力的过程中的一环，但是无法带来真实、长久的说服效果。优秀的说服者不会陷入权力的陷阱，也不会有以权压人的需要。他们知道，合理地利用权力会让听众更容易被说服。很多水平一般的说服者使用权力的方式有误——太多、太频繁、太明显。

事实是，权力是一种中性的力量。利用好会起到积极效果——激发和提升——但也可能利用得不好，变成以权压人。运用权力的人决定了结果的好与坏。如果一个警察用权力制止了一次谋杀，那么他为这个世界带来了好处。然而，他也可以用同样的权力去帮助毒贩。权力是一样的，怀着不同目的运用它的人带来了不同的结果。如果你知道你会借助良好的判断力将帮助、服务、保护他人作为你运用权力的目标，那么追逐权力不应该令你感到畏惧。

对权力的三种不同反应

研究表明，对于权力，人们一般会有三种反应。第一种是自动反应：不思考，不质疑，遵从指导。第二种是经过判断的反应：你理解那个人拥有权力的事实，你对他/她的要求有自己的判断，但因为他/她有更高的权力而服从。第三种是抗拒的反应：你知道那个人有权力，但是你会尽自己所能反抗他/她。优秀的说服者需要理解不同人对权力的反应。因为不同的反应需要不同的应对方法。

优秀的说服者拥有一种能力，能够利用权力让听众感到放松。权力能够对人们的选择行为产生影响。优秀的说服者知道该在何时使用何种形式的权力。我们知道，权力一旦用错会产生反作用，会朝着说服意图的反方向推进。当你有能力根据听众的情况调整权力的利用方式时，他们会更容易接受你的建议。需要理解的是，当我们对一些事情感到不确定或存在疑惑时，我们总会向权威人士求助，希望他们帮我们做出决定。

　　权力如果没能得到正确利用，会产生一种受到操控的感觉。你可以通过错误地利用权力立即得到想要的结果，但它不会保持很久。还有，当全部事情结束后，你也不会得到朋友和人们的尊敬。最终，这种操控将破坏合作，形成抗拒心理。它会扼杀激情，激起愤怒。优秀的说服者知道人们如何应对不同类型的权力。

　　我倾向于说服一个人去做某事。因为我一旦说服了他，他就会自己坚持下去，但如果我靠恐吓让他去做这件事，他只会因为恐惧而服从，而一旦不再恐惧，他便会立刻离去。

　　　　　　　　　　　　　　　　　　——德怀特·戴维·艾森豪威尔

四种权力

　　权力有很多种形式，但我想着重讨论其中四种。它们不是消极的，也不违背道德，相反，是积极而符合道德准则的，能激发与促进你的说服力。这四种权力形式是权威、尊敬、知识和奖励。优秀的说服者清楚并懂得如何利用这四种权力。

权威

　　一个说服者的力量最主要的源泉就是其权威。你知道你在说什么，做什么，如何应对听众提出的挑战。权威的力量建立在其他人如何看待你的专业性的基础上。如果听众认为你拥有比他们自己更大的影响或者力量，他们就会认可你的权威。建立在地位、职务、背景或阶层上的权威会让一个人处于拥有权力的地位，因此可以说服他人听从自己。大型公司的首席执行官拥有这种类型的权力。警官也是拥有这种权力的典型代表：因为他们具有权威，你感到不得不听从他们的指示。

我们不应指责我们听从权威的天性。从儿时起，我们受到的教育便是，应该相信并追随权威。父母教导我们，不听从权威是错误的，并会产生后果。我们受到的教育让我们听从老师、家长或政治人物的意见。常见的情况是，我们听从权威人物是为了避免痛苦和惩罚。违背权威会导致严厉的惩罚。

运用权威力量并不一定与态度傲慢和优越感画等号。听众对你有所期待，认为你有能力帮助和服务于他们，为他们提供建议。听众有一种希望被满足的需求。他们希望有一个有能力、知识渊博的人带领他们向正确的方向发展。想象一下，你需要做出一个重要的购买决定。如果一个说服者充满愧疚和不安全感，不停搓手，面对这样一个说服者，你会对自己的购买行为感到积极和自信吗？大概率不会。事实上，你或许会发现他的行为很惹人烦，会对你带来干扰。因此你需要做的是充满自信，展示你的专业性。

优秀的说服者会将"说服者—被说服者"的关系看作一种师生关系。你可以将自己看作一个顾问或提建议的人，因此你是老师。当你以这种方式看待说服过程时，你心中就会升起一种责任感，行事也将拥有权威人士的风范。当你展示出自己的高效、技巧和能力时，你就能获得更多的权威力量。人们对了解自己工作的人往往尊重有加，他们会接受你的信息、建议或者忠告。

权威力量还可被细分为以下几类：基于职务、制服、头衔、公众意见或外部属性的权威。从下面的例子中，你可以看到权威力量对个体具有强大的说服力。

职务权威：那些在群体中担任某种职务的人拥有职务权威。这些权威人士包括老板、总统和法官。耶鲁大学的斯坦利·米尔格拉姆（Stanley Milgram）曾经做过一个标志性研究，阐明了这种职务权威的影响有多大。米尔格拉姆让一些人扮演"老师"，而让另一些人扮演"学生"。"老师"们被告知，他们将帮助研究者测试"学生"的学习水平，方式是当"学生"回答记忆性问题出现失误时，他们要对学生进行电击。

当然，实验中并没有使用真正的电击，但"老师"们对此并不知情，研究者让"学生"表现出很痛苦的样子，让"老师"们信以为真。这项研究的目的是看"老师"能够在多长时间内遵从研究者的权威，即便这意味着给其他个体带来巨大的痛苦。很多开关上贴有标签警告"危险：强大电流"。结果令人震惊。三分之二的被试都选择了最令人痛苦的选项（450 伏），开启了所有 30 个电击开关，即便"学生"恳求、哀求、大声叫喊，希望他们停止实验。

这项实验体现了职务权威的几个关键点。首先，"老师"们明显对他们做的事感到不适。事实上，他们讨厌这样做。他们中的很多人希望研究者可以停止这个实验，但是研究者拒绝了，他们只能继续，颤抖着，满头大汗，有时甚至会紧张地大笑起来。尽管感到极度不适，但几乎所有"老师"都会继续遵从研究者的要求，直到实验结束。当"老师"们离开房间，研究者仅通过电话进行指挥时，结果表明，仅有 23% 的人施加了最大强度的电击。这个结果表明了面对面的状态对职务权威的重要性。

相反的情况也发人深省。当剧本反了过来，让"学生"命令"老师"加大电击力度时，因为受到了研究者的反对，结果没有一个人遵从。在这种情况下，所有"老师"都拒绝了"学生"的要求，而会听从研究者的命令。当拿到这次试验的电击数据结果时，米尔格拉姆写道："这个研究的主要发现是，无论权威的指令如何出格，成年人都有极大的意愿遵从。"

当一个人比你更有权威时，你可能会自动假设那个人说的什么都是对的。美国联邦航空管理局（FAA）的一项研究也阐明了这个观点。这项研究发现，机长的很多操作失误不会受到其他机组成员的质疑和纠正。这种对于职务权威的盲目遵从会带来灾难性的后果。基于这项发现，一家航空公司在模拟飞行器上对机组成员进行了测试。他们特意创造出可以造成心理超负荷、刺激情绪的条件。机长在关键时刻总会犯错误。这家公司发现，令人吃惊的是，这些模拟情境中有 25% 会因为下属没能纠正机长、挑战其职务权威而以坠机告终。

制服权威： 你穿什么很重要吗？优秀的说服者真的会考虑穿着吗？"人靠衣装"是真的吗？多数情况下，答案都是肯定的。当你穿上一件制服、扮演一个特定的角色时，制服能够激发听众对权威和声望的感知。现在，当我提及制服时，我指的是商务着装。商务着装被认为是说服力最强的制服。人们可以通过衣着给旁人留下重要印象。当你在合适的场合穿合适的衣服时，你甚至可以做到不开口就服众。

想想警察的制服代表什么。想象一下，如果警察在一场骚乱中穿着普通衣服会是什么效果。着制服的警察会立即引起我们的注意，因为我们尊敬制服。再想想，如果穿着牛仔裤和褪色的 T 恤去谈一个大生意呢？当牧师穿起牧师袍时，比起穿普通服装，他们能获得更多尊敬，也能起到更好的说服和影响效果。我们看到穿着白大褂的医生，会自动假设他是一名医疗专家，知道如何开处方。同样，当一个商人穿着 1500 美元的套装，鞋子擦得锃亮，我们会自动假设他是名管理者，负责做决策。

在一项实验中，实验人员会在纽约街头叫住行人，指着十几米外的另一个人告诉行人"那个人停车超时了，但是没有零钱投给停车收费器"。随后，他会要求行人给那个人一些他需要的零钱。研究者会观察实验人员分别穿普通衣服和安保制服时人们如何回应他的请求。在给出指令以后，实验人员会走到一个行人看不见的角落去。令人难以置信的是，当他穿制服时，几乎所有行人都会遵从他的要求，即便他已经走开了。然而当他穿着普通衣服时，遵从他要求的行人还不到一半。

在另一项研究中，劳伦斯和沃特森发现，为实施法律或者医疗保障的活动募捐时，志愿者穿着警察制服或者护士服时比起穿着普通衣服时能够募集到更多的捐款。实验结果证明，衣着能够增强你的力量和权威。

头衔权威：我们都对头衔入迷，因为它们可以创造权力。比如，"董事长""首席执行官""阁下""经理"甚至"老板"这些称呼都可以引发听众对权威和尊敬的期待。当我们给一个名字冠以"博士"的名号时，我们的大脑会自动赋予这个人重要、有影响力或博学多才的印象。我们不需要问他 / 她的成绩在班里是否名列前茅。在医学领域，医生是决策者。我们喜欢听到"三分之二的医生建议"或者"十个牙医中有九个使用"的说法，我们对推荐、建议的倾向性选择都要依靠头衔的权威力量。

有这样一个案例。研究者希望测试头衔权威的力量是否会超过既有的规定。他们想看看护士是否会给病人使用一种未经授权使用的药品，这个指令是由护士不认识的医生发出的。实验人员给护士打电话，告诉护士自己是一名医生，需要护士给某个病人使用 20mg 的某种药品。他叮嘱护士尽快为病人用药，这样在他赶到时药就已经起作用了。他进一步表示，等他到达时，他会签出处方。

这个要求有四处违规：一是医院禁止通过电话开处方；二是这种药尚未得到授权；三是使用的剂量过大，已经到达危险的程度，是标签上注明的使用量的两倍；四是这个命令是由护士从未见过甚至从未听说过的医生发出的。即便踩中了这一条条红线，95% 的护士还是会直接走向药房拿药，然后走向病房。当然，研究者在真正用药前就阻止了他们。接下来的研究让护士回忆最近一次他们虽然遵从了一个医生的命令，但感觉其对病人有潜在危害的情况。当被问到为什么他们无论如何都会遵从命令时，46% 的护士答复说，在这个问题上，医生是专家和权威。

你的头衔是很重要的。当你拥有一个隐含着权力的头衔时，他人都会对你投来尊敬和关注的眼神，你的说服力也会增强。想一想，当你对一个公司或者说服者感到不满时，你会希望与老板、经理甚至董事长交流一下。我曾受雇于一家本土公司的销售部门，当我看到我的名片上写的是"地区销售经理"时，我感到很惊喜。尽管我还是一个新手，但我确实注意到名片上的头衔代表着一种尊重。你需要为你本人和你的工作找到一个合适的头衔，董事会副主席、高级合伙人、董事总经理、财务执行总监等名头或许有用。

公众舆论权威：当一个人不是因为经历或者专业，而是因为声誉而获得权威时，这个人就拥有了公众舆论权威。我们在学术期刊上可以看到这种权威力量的例子，学术期刊倾向于发表已在相关领域建立了知名度的大牛的文章，而不是那些无名之辈的。你的听众对你本人、你的产品和你的公司了解多少呢？你在大家心中的形象如何呢？常见的情况是，公众舆论比事实权重更大。

下面是另一个表现了公众舆论权威的例子。1994 年，英特尔奔腾处理器的芯片检测出了问题。关于这个缺陷的新闻迅速传播，公众的抗议呈现井喷态势，英特尔尽其所能降低话题热度。但事实是，一般用户并不会受到这个缺陷的影响，得出错误结果的概率仅有 90 亿分之一。不久后，英特尔公司就接到了潮水一般涌入的邮件和电话，要求无条件退货。在事件的风口浪尖，英特尔一天接到的投诉高达 2.5 万件。尽管公众抗议的压力巨大，但英特尔拒绝同意他们提出的退货要求。接下来发生的事一点儿也不奇怪了，媒体再次抓住了这个新闻热点，英特尔的股票暴跌。最终，英特尔不得不对退货条款做出了修订。

对抗舆论的结果是什么呢？ 4.75 亿美元的损失。公众舆论影响了整个公司的价值，这说明忽视舆论是一个会带来巨大损失的错误。

外部属性权威：优秀的说服者会掌控权威。不管你喜欢与否，一些人仅仅是因为其外貌特点而看起来更有力量。比如，个子高可能会让人看起来更有权威，即便双方还没有开始交谈。回溯历史，你会发现自 1900 年以来，23 次美国总统选举中有 20 次是个子更高的候选人胜出。在情场上，高个子也占优势。研究表明，男性在公开资料中声称自己个子高时，更容易得到女性的回应。另一个关于生理特征的例子是，我们认为声音低沉的人更有说服力。我们潜意识中更容易回应深沉的声音，因为这种声音听起来更具控制力，更彰显权威。

我们应该认识到，我们拥有（或者希望拥有）的外部特征是一种阶级标志。我们拥有的积极外部特征越多，就越容易被看作"富有和有力量"。在旧金山湾区进行的一项研究表明，开昂贵汽车的司机比开一般汽车的司机更能受到其他司机的优待。例如，骑摩托车的人在等绿灯时，如果在豪车后面等待，会比在便宜车后面等待更久才鸣喇叭。还有，骑摩托车的人会对便宜车不止一次鸣喇叭；在豪车后面时，骑摩托车的人中有一半会老实地等待，从来不鸣喇叭。

另一个决定外部属性权威的是我们所处的环境。一项研究表明，教授的办公室环境会改变学生对教授的看法。研究人员向学生展示了不同的教授办公室的照片。一些是整洁的，一些是凌乱无序的。研究者发现，办公室的照片会对学生对教授的印象产生很大的影响。特别是看到办公室凌乱无序时，学生会认为教授不够严谨，不够亲切，不够有能力，不够友好。

外貌会影响你的权威。外部物体和环境会影响你对权力的看法。所以，我们应该懂得检查我们的外表和所处的环境，确保我们在传达正确信息。

尊敬

> 尊敬是自行产生的。它既不能被给予，也不能被收回。
>
> ——美国演员埃尔德里奇·克里夫（Eldridge Cleaver）

尊敬权力是最难获得的一种权力。这种权力是优秀的说服者自然拥有的一种权力。它必须随着时间流逝点点滴滴地累积，却是最持久的。在说服者离开以后，它依然对听众有持续性的影响。

尊敬是基于你在职业和个人生活中的表现而产生的。当你在与所有人打交道的过程中都展示出尊重、正直及其他优秀品格，人们自然会了解你是值得尊敬的。人们会感觉到这一点。尊敬权力是一个人拥有值得尊敬的人格时对他人产生的一种权力。父母和宗教领袖一般会拥有这种权力。因为尊敬权力来自对某个人整体行为的认识，人们会立即受到影响，不需要对说服者和说服情形进行分析。

下列方面可以提升他人对你的尊敬：

正直	品格
独立性	互相尊重
清白的背景	长期的稳定性
良好的记录	无可置疑的声誉

知识

弗朗西斯·培根曾说："知识就是力量（权力）。"知识的权力是基于对某个主题、程序或者情形的熟练程度产生的。知识权力意味着你就是专家。当人们认为你比他们拥有更多知识或者行事更加专业时，他们就会被你说服。比如，律师、修理工和医生就拥有知识权力。人们会因为专业人士的背景或经验而依赖他们的意见，相信他们说的话，信任他们所做的事。当我们认为一些人拥有知识，我们就会接受他们的论断和数据，不管这些数据真实与否。除了通过正规教育和培训获得的以外，知识还可以通过经验、天生的智慧和天资获得。

优秀的说服者会使用三种不同类型的知识权力：信息、资源、专业技能。

1. 信息权力。当你拥有其他人需要掌握的信息时，你就对他们产生了权力。当有人需要、想要甚至渴望你拥有的信息、事实或数据时，你就可以运用知识权力了。希腊船王亚里士多德·奥纳西斯（Aristotle Onassis）说过，"做生意的秘诀就是知道别人不知道的事"。

2. 资源权力。如果你有途径接触他人看重的关键人物或者获得有价值的商品、货物或服务，你对他们就拥有资源权力。如同俗语所说的"不在于你知道什么，而在于你认识什么人"。别人会认为你拥有他们向往的关系网吗？你都有哪些关系？

3. 专业技能权力。当你拥有他人认为与他们的需求相关并超过他们自身能力水平的特殊技能、专业或者知识，他们就会听从你的指示或建议。你可以凭哪些专业技能成为专家？

对照以下列表，看看你在自己工作的领域内水平如何。你是否具备：

对产品的了解	对竞品的认识
对行业的了解	重要的人际关系
获取有用信息的渠道	预测经济形势的能力
特殊的专业技能	对听众需求的了解

你必须持续了解行业的最新发展和变化，这样才可以一直获得前沿信息。否则，一旦听众发现他们的知识比你的更可靠、更新更及时，你马上就会对他们失去说服力。

事实是，能够扎实地做调研并掌握最多知识的那个说服者一定是走在前面的人。你要让自己永远走在队伍的最前面。

奖励

奖励权力意味着要通过提供奖励或者利益的方式影响别人。这些奖励可以是金钱、物质或精神鼓励。奖励权力是实现说服的最快的形式。但你还是得小心一点，因为这种类型的奖励会让听众产生期待。一旦你让听众开始期待什么事情，他们便会一直寻求对他们行为的外部奖励。这种策略可能会让他们仅仅是为了奖励而不是其他原因行动。原本在没有奖励的情况下人们也可能行动，但因为设定了奖励，一旦日后取消了奖励，他们就不再会按说服者的意愿行动了。

一项实验证明了这个规律。被试围坐在一张桌子周围，用半个小时来解答一个问题。一些被试是有酬劳的，而另一些没有。半个小时后，实验组织者告诉被试，解答环节已经结束，他们必须离开房间了。实验组织者开始观察被试走进等候室后的表现。他们在空闲时间会干什么呢？他们会继续思考那个问题吗？他们会选择其他活动吗？研究发现，在等候室里，有酬劳的被试不会因为乐趣继续解题。相反，那些没有受到外部激励的被试更愿意在等候室用他们的空闲时间继续解题。

说服者知道，自愿做出的行为要比出于对外部激励的期待做出的行为更持久。

奖励权力是建立在实用性之上的——每一场交易中都存在着交换的可能性。基本上，奖励权力的观点认为，总有些东西是我想要的，而总有些东西是你想要的。我们通过交换各自拥有的东西来满足彼此的需求。另一些奖励权力的表现包括销售奖金、支票、合同激励条款、飞行里程奖励、信用卡积分奖励等。

有一点很重要，需要我们理解：一些激励措施对一部分人有效，但对另一部分人可能无效。金钱对一些人来说是最好的奖励，但对另一些人来说则是一种认可。作为一个说服者，你需要为不同的人寻找能激励他们的不同的奖励方式。也就是说，你必须了解你想说服的对象的需求。奖励权力在改变行为和增强说服力方面非常有效。你只要做出少量努力就可以得到想要的东西。

然而，奖励权力也有几种无效情况。当你使用这种方法时，收益是递减的，也就是说你使用这种方法越频繁，其效果就越小。人们一旦习惯了某种奖励，也会对奖励感到厌烦。正如我们此前讨论的，他们要么会期待更多的奖励，要么一旦没有奖励，表现标准就会下降。在小学生读完一定量的书后给他们提供比萨或其他奖励便是一个常见的例子。这些激励措施常常事与愿违，因为很多孩子阅读的动力仅仅是想要得到奖励。

奖励权力可以带来想要的结果，但是必须次次重复奖励措施才行。只有当被奖励者没有受到更好条件的诱惑时，奖励才会有效果。此外重要的一点是，人们总会拿你的奖励措施与别人的进行比较。奖励会促进行动，但是只要你利用奖励，你的听众就会一直要求奖励。

利用权力进行说服

利用权力就像是给汽车装了涡轮增压器，通过增强力量来提速。你运用各种形式的力量的能力会增强你的说服力和影响力。优秀的说服者理解并能正确使用不同形式的力量来获得巨大的说服优势。这种力量是中性的——既有目的正当的用途，也有不正当的——必须理智地使用。当你希望说服效果真实而长久，你就必须永远以利他和能激励他人的方式利用权力。

放羊的男孩

从前，有一个放羊的男孩把他的羊赶到临近森林的一座大山脚下。他每天都感到很孤单，于是想找找乐子。他跑到村子里，大声喊："狼来啦！狼来啦！"村民都跑出来帮助他。有些人还和他聊了挺久。这个男孩感觉很有趣。几天后，他故伎重施，村民又跑来帮他。但到了第二个星期，狼真的跑出森林，开始攻击羊群了。男孩大喊："狼来啦！狼来啦！"声音比以前都大，但这一次没有一个人来了。结果，男孩的羊群成了狼的美味午餐。

寓意： 当权力（牧羊人也是一种具有权威的职位）被滥用时，它就失去了说服力和影响力。

说服力技能 6

对他人的影响力

影响力是说服力的最高形式，这是为什么？如果你拥有影响力，人们将会基于你的整体影响力而不仅仅是你的外部行动而采取行动。说服力通常与你做了或者说了什么（比如，技术、人际技能、说服法则）有关，但影响力与你是谁有关。你如何获得影响力呢？你如何能到达那种任何想法都会获得人们追随的层次？你如何确保即便自己不在场，你的影响力依然可以影响人们？在研究中我发现，优秀的说服者会同时具备下列说服他人的能力中的若干种（有人甚至具备全部）：

人格魅力	同理心
激情	愿景
乐观	自尊
态度	

人格魅力

优秀的说服者都具有人格魅力。我们都可以举出一些具有人格魅力者的例子。他们拥有一种独特的存在感和魅力，具有吸引力。他们能够吸引我们的注意力，让我们追随他们的脚步。他们的精力能够鼓励我们，激励我们，启发我们。遇到他们，看到他们，被他们说服，与他们交往能让我们感觉更好。那么，魅力到底是什么呢？它可以是一种神秘的特质。它不是领导力，不是自信，不是激情，不是个性，也不是"善于交际的人"一词就能概括的，虽然上述这些在某种程度上都是组成人格魅力的因素。美国著名律师盖瑞·斯宾塞（Gerry Spence）对人格魅力做了最好的总结：

> 人格魅力是从心灵中升腾起来的。如果说话者不带有任何感情，那么什么信息都无法传达。只有当说话者的感情以最纯正的形式传达给他人时，魅力才会产生。魅力不是一种被稀释了的感觉，也不是一种伪装，而是一种原始的感受。魅力是我们在向他人传达我们真实的能量和激情的过程中产生的。

人们似乎要么有魅力，要么没有魅力。如果你不是那些看起来有魅力的人，那么魅力可以习得吗？答案是肯定的。该如何习得呢？首先，你必须知道拥有魅力的领导者的特征和特质。

美国领导力专家杰伊·康格尔（Jay Conger）对拥有魅力的领导者的四个特征进行了定义：

1. 他们拥有强大、清晰的愿景，知道如何展示愿景才可以最大限度地满足观众的需求。
2. 他们知道如何展示他们的愿景才能让现状的缺陷变得更加明显，让建议和改变不仅看起来合理，而且是必要的。
3. 他们在获得成功、专业技能以及实现愿景方面富有经验，能够让他人脱离效率不高的老旧传统。
4. 他们拥有行动力，也会鼓励他人培养同样的行动力。他们自己实现了改变，并以此激励他们的听众，使其拥有同样的改变自己的力量。

一旦你了解了拥有魅力的领导者具备的特质，你就能一步步培养这些特质了。下面是优秀的说服者增强自身魅力的八个具体方法：

1. 对自己和自己传达的信息建立信心。不要表现出焦虑或者不适。如果你感觉到了这些消极情绪的存在，想一想这些情绪是如何产生的，以进行解决。你的自信必须体现在每一个想法、词语和事件上。

2. 展现轻松一面。找到你的幽默感和乐趣所在，轻松一点。不要把生活看得太严肃。学会自嘲。

3. 拥有良好的存在感和精力。对照建立信任的 5 个 C 原则：品格、能力、自信、可靠性和一致性。

4. 在所从事领域内拥有丰富知识，并要确保拥有的知识来自坚实的基础。要充分理解听众与你说服的主题之间的关系，并知晓听众将带来何种背景、知识和经验。

5. 保持令人愉悦的、职业化的外表。确保你的衣服、发型、鞋子以及装饰品都与你想传达的信息和设定的角色相匹配。发挥着装的作用。

6. 对他人及其需求保持敏感。通过与听众建立联系、做一个好的倾听者来提升亲和力。

7. 确保你提供的信息清晰、易读和易于理解。确保信息从一点到另一点之间的传递是畅通的。不要用过量信息淹没你想传达的东西。抓住重点，并尽量简洁。这样一来，不仅你可以更好地吸引听众的注意力，听众也会更牢地记住你的信息。

8. 确保你足够兴奋，愿意聆听对方的话。你讲述的故事应该是充满吸引力的。让你的故事有趣一些。

激情

　　激情比任何方法都能有效地吸引听众的心与神。优秀的说服者能够自内心散发出激情。当听众感受到你的激情以及对所追求事物的全心投入时，他们会不自觉地追随你。我们都喜欢那些对自己追求的事业充满激情的人。激情对影响他人而言至关重要，然而仅有不到一半的说服者对他们的产品或服务充满激情。

当你对某些事物充满激情时，你会不由自主地想与全世界分享它们。你会希望让尽可能多的人投入到这项事业中来，你也不会轻易被他人的看法动摇。当你拥有激情时，你会拥有一种使命感，你的想象力会被激发，这会激励你实现更高的成就。激情本身就是一种影响他人的有效方式，能够使别人支持你的产品、服务或者事业。

魅力与激情是存在区别的，魅力是一种属性，而激情则是一种情感。如果你想在说服的世界中表现卓越，那么对你所做的事、你的产品和服务保持激情是一种必要条件。我观察过优秀的说服者以及他们的说服力商数得分，我发现，激情的作用至关重要。我观察到，两名说服技巧和应用水平得分在伯仲之间的说服者获得的成功并不一样。激情正是带来差别的决定性因素。问问你自己，你是否拥有激情，还是只是装装样子，走走过场。你是真的在做事并认真感受，还是只是在浑水摸鱼？

热情是激情的一种表现。你即便没有激情，也可以表现出热情，但只要有激情，你就永远能够展现热情。热情是对一项事业或者一个主题的强烈的兴奋感。在希腊语中，"热情"一词的含义是"受到神的启发"。热情是可以传染的，它可以感染人们，让人们直接感受到你的能量和兴奋。拉尔夫·沃尔多·爱默生曾说，"没有热情，我们将一事无成"。

> 人们更容易被你的投入程度而不是你的逻辑严密程度说服；他们更容易被你的激情而不是你能提供的证据说服。
>
> ——美国营销专家大卫·A. 毕波斯（David A. Peoples）

　　你应该见过一些充满热情的说服者。你在他们脸上就可以看出这种热情——他们毫无疑问是受到激励的——这种热情也可以激发听众的兴趣。热情不仅能够减少恐惧，而且能够创造自我认同、强大的自信和同理心，也可以在你与听众之间建立起和谐的关系。激情还可以让陌生人产生兴趣，促使他们产生参与的意愿。

　　优秀的说服者能够通过提升对产品或主题的了解和认识来提升激情。他们已经建立了一种真正的信念。你需要对你自己和你的信息保持自信，利用你的情绪，并学会如何表达情感。从另一个方面来讲，虚假的热情、不切实际的宣传和伪装出的能量会导致不良后果：

更低的可信度	伪善感
让听众远离你	欺骗感
让听众感觉你很自大	

　　我曾在培训中让学生以自己的激情为题做一次两分钟的演讲。很多时候，他们的激情是可以感染人的，我也常常受到他们的鼓舞和影响。在过去几年中，学生们的激情让我开始对冰激凌感兴趣，让我更愿意骑自行车，让我想再次开始攀岩。激情来自信念、热情以及情绪的综合作用。

　　你对什么拥有激情？什么事会让你感到充满热情？对你充满激情的事情投入全部精力，你会找到新的人生动力，这种动力会让你持续奋斗，直到实现你的目标。美国演讲家诺曼·文森特·皮尔（Norman Vincent Peale）曾说："当一个人变得充满激情时，他的整个人都会被点亮。他的头脑会更灵敏，直觉会更强；他的整体生命力和创造力将得到提升。这样的一个人是受到了激励的，他一定会做成一些有影响力的事。"热情是可以通过努力习得的。优秀的说服者会通过增长知识、发展真诚的兴趣以及将这种兴趣融入自己的追求之中来提升热情。

乐观

乐观的说服者总能胜过消极的说服者。乐观不仅在说服他人方面有着至关重要的作用，对人生的成功也是一种关键因素。乐观不仅仅是一种积极的心理状态，它指的并不是一直用积极的话语给自己打气，并希望这些愿望可以实现。真正的乐观是一种代表你看待这个世界的方式的思维模式。你对待生命和世界的积极态度能够激发他人的希望和勇气。我们都希望受到启发与鼓舞。当一个说服者可以传递出这种信息时，我们就想追随那个人。这表明，乐观可以帮助你影响他人。

另一方面，悲观者总是采取消极视角。对他人来说，悲观的人是暴躁易怒的，不管在何种情境下都会看到消极面。悲观者是那些最先开始抱怨、处处挑剔的人。结果是，他们从来不会得到他们应得的成功或认可。

无数研究表明，与悲观者相比，乐观者在学校表现更好，更容易说服别人，有更多朋友，在职业中表现更佳，寿命也更长。相反，悲观者长期与抑郁抗争，朋友更少，说服他人的难度更大，更容易放弃。为了更好地阐释这一点，有一项研究对保险推销员进行了观察，研究乐观和悲观表现与遇到障碍的关系。乐观的说服者能卖出更多保险，而且中途放弃的可能性只有悲观者的一半。

> 悲观主义者绝不会发现星体的奥秘，无法航行到未知的大陆，也不能为人类的灵魂打开一个新的天堂。
>
> ——海伦·凯勒

优秀的说服者拥有我们所称的"有影响力的乐观"，这意味着他们在任何情境下都可以看到事物的积极面，而不会聚焦于失望、怀疑或者消极的感受上。他们会寻找前进的方法。人们希望被拥有积极人生态度的人说服。作为一个积极者，你会将世界看作一系列令人兴奋的挑战。你会给你支持的任何事增添积极的色彩。人们希望围绕在你身边，因为他们生活在一个本就非常消极的世界上。积极的思维方式是能够感染人的，可以帮助别人信任你和他们自己。作为一个乐观的人，你能够帮助别人意识到，失败或者困难都是暂时的。你坚信成功一定会到来。

为了拥有真正的乐观，你必须学会控制你内心消极的声音。我们内心都存在积极和消极两种声音。你会选择倾听哪个？

乐观会过火吗？这主要取决于当时的情形。你或许会在不值得振奋的情况下振奋，但我认为对现实过于乐观的情况是很罕见的。乐观仅在一种情况下会事与愿违，就是当你准备说服一个冥顽不灵的消极者时。但是，如果你能够循序渐进，每次提供一点点的乐观信念，你也可以渐渐扭转悲观者的心态。优秀的说服者发现，根据听众所处的现实逐步提高他们的乐观水平，是很重要的做法。

你需要通过努力训练提升自己的乐观水平——也就是说，去训练自己看到风雨后的彩虹，预见挑战，并依然保持积极的态度，对可能遇到的困难阻碍做好准备。

态度

优秀的说服者知道，在追求卓越的过程中，需要坚持一种健康的态度。很多人并没有花时间思考自己的态度如何，而是任由态度日复一日地控制他们的行为。很多人并没有意识到自身应有怎样的态度，而是会照搬他人的态度并做出反应。多数时候，我们的态度起初是中立的，然后会受到我们的想法和感受的控制。在决定如何应对外部环境的那一刻，我们也决定了自己能获得怎样的成功。我们并不能控制所有要发生的事，但我们确实能够百分之百控制自己的态度。奥地利心理学家维克多·弗兰克尔（Viktor Frankl）曾经说："你可以夺走一个人的任何东西，但是有一样不行，那就是在特定环境下选择自己态度的自由。"一旦我们认识到态度是一种选择，我们必须提醒自己，这种选择是我们每天和每时每刻必须做出的。

　　态度是一种习惯，来自我们的期待——我们对自己的和对他人的期待。优秀的说服者能够创造、提升和保持对自身以及听众的期待。沮丧通常是一种未能实现的期待或现实和态度之间的冲突的结果。合适的态度、对沮丧的认识和对预期的管理是成为顶级说服者的必要条件。

　　在说服力研究院，我们发现仅有 14.2% 的被试认为自己每天都能保持积极的态度。你如何能够持续不断地改善自己的态度呢？其中一个最大的因素是我们如何与自己对话。记住，我们内心同时有积极的声音和消极的声音，你会赋予哪种声音更强大的力量？关键的是，你必须学会让消极的声音安静下来。我注意到，很多优秀的说服者在消极声音出现时会有计划地消解它们，并用积极的声音去代替它们。你头脑中的想法最终都会体现在你的行动上。用这种办法，我们可以比多数人更好地把控人生。美国心理学家和哲学家威廉·詹姆斯（William James）说过："我这一代人最大的发现是，人类可以通过改变他们的态度来改变人生。"

　　为什么拥有积极的态度对影响他人而言至关重要呢？我们希望影响的人会对我们的态度做出反应。如果你不能对你追求的事情保持积极的态度，那么你的听众如何能保持积极的态度呢？你想让听众拥有何种态度，你就应该首先保持何种态度。只有这样，你才可以拥有影响力。

态度

你可以从一个人的话语中辨别出他的态度。你是否发现自己说过下面这些话？

☐ 我会等这件事情结束。

☐ 这件事情太耗神了。

☐ 人性就是如此。

☐ 我对这种情况无能为力。

☐ 价格是唯一的决定因素。

☐ 这一行就是这样。不是我能决定的。

☐ 他们已经有一个合作愉快的供应商了。

☐ 我无论做什么，都改变不了现状。

☐ 打工仔就是这样的。你还希望我做些什么呢？

即便你真的处在一个无法控制的环境当中，你也必须非常小心，不要持一个失败主义者的观点。不要说"我无能为力""我什么也做不了"，或者采取其他类似的消极反应态度，你应该做的是抓住机会，聚焦你能控制的事情，并以此为中心树立积极的态度。

同理心

同理心（empathy）这个词既有拉丁字根，又有希腊词根。这个词中两个部分的意思分别为"看透"和"另一个人的眼睛"。看透另一个人的眼睛的能力能够创造长期的影响力。当人们知道你能够看到他们看到的东西，体会到他们体会的内容，对他们的痛苦感同身受时，他们会更愿意受到你的影响。优秀的说服者懂得同理心的重要性。

同理心意味着能够体会和理解他人的现实处境、感受以及担忧。

同理心需要你设身处地地感受他们处于何种环境，正在做何种努力。当人们感受到你真心在意他们的感受时，他们会更乐于接受你的影响。在一个自私的世界上，很多人都希望我们按照他们的意愿做事而不顾我们的感受，真正有同理心的人将成为一股清流。

同理心也会让你感觉更好。与每天遭受信息轰炸相比，把别人置于优先地位会让我们感到更快乐。正如美国励志作家金克拉（Zig Ziglar）所说："得到你想得到的东西的最佳方式就是帮助他人得到他们想要的。"同理心还可以提高生产力和个人满意度，这点也再次证明，帮助别人事实上就是在帮助自己。有趣的是，有研究发现，那些能够展示出同理心的人有着高于平均水平的自尊心和更强的社会责任感。

尽管所有事实都表明，同理心在说服过程中是非常重要和有用的，但我们的研究表明，尽管多数说服者认为他们在向听众展示同理心，但是多数听众却认为说服者不过是在走过场。同理心是很难假装出来的。你可能以为听众被你展现出的同理心感染了，但仔细想想，他们只是懒得揭穿你而已。

当你能够理解听众的感受时，说服和影响就会变得很容易。你设身处地为听众考虑，他们知道你对他们的感受感同身受。让同理心发挥作用是需要天分的，即便你真正拥有同理心。我们生活在一个自我陶醉的世界，同理心似乎与你在这个世界上学到的一切都背道而驰。自孩童时起，我们就学会了苛求他人，以自我为中心，自私自利。优秀的说服者在说服过程中是忘我的，他们会努力寻找听众的需求，并通过同理心与听众产生联系。这确实有用，而且我知道，你可以通过不断练习提高这个技巧。同理心甚至可以为两个陌生人建立亲近的关系。

不幸的是，繁忙的现代生活并没有让我们培养出一种停下来帮助他人的心态。你如果想获得同理心，就必须自己寻找甚至创造机会。如果你需要找到提升同理心的方法，问问你自己下列问题：

■ 如果我是那个人，我会怎么想？

■ 那个人为什么会这么想？

■ 我能怎么帮助他呢？

■ 如果这件事发生在我身上，我会怎么想？

基本上说，就算是在就事论事地评估不同的处境，你只要坚守人类大家庭共同的心理和情感需求 —— 肯定、关注、鼓励以及理解 —— 就不会出错。当你无条件接受那个人时，你的同理心就发挥了作用。你认可他 / 她的强大和成功，也接受他 / 她的脆弱、失败、怀疑和恐惧。

愿景

优秀的说服者拥有愿景，也能够在听众心中种入可期的愿景。当你想影响别人时，拥有强烈、清晰的愿景是关键。人们看到可触及、可体会、可感受、可看见、清晰、明确的愿景时，才会愿意成为其中的一部分。没有人会去买一只下跌的股票。人们希望知道的是：计划是什么？我们将去向何处？我们的目标是什么？也就是说 —— 愿景是什么？你的工作就是有力地展现你的愿景能如何有效地解决他们的问题。你的愿景必须在他们目前的处境和渴望的位置之间架起桥梁 —— 他们现在在哪里，他们希望去到哪里？

一个共同的愿景能够把人们团结起来，向着共同的目标和终点努力。影响力强的人有着清晰的愿景，它是可期的，是充满兴奋和期待的。愿景比其他任何事情都重要 —— 不论是你自己的愿景还是其他人的 —— 它能够左右我们每天的决定。

愿景对说服者而言是一种有效工具，能帮助他人看到更大的图景。不论你是何种需要说服力的角色，是父母、配偶、老师、教练、朋友、销售代表还是员工，让听众看到你的愿景是一种提高影响力的有效方式。

愿景有着非常强大的力量，因为它可以让我们聚焦未来。愿景让人们感到目标清晰，而多数人的人生是没有一个清晰目标或者方向的。史蒂芬·柯维说过："以目标为终点开始思考，意味着你对你的人生使命有了一个清晰的认识，这意味着知道要去哪里会让你更好地理解你现在站在何处，因为你走的每一步都会朝着正确的方向。"所有的人类都渴望方向。这就是为什么那些拥有愿景的人对我们有着强大的吸引力。当你谋划愿景时，你必须从大处入手。正如沃尔特·迪士尼的建议：

> 不要做小计划，它们没有任何魔力，不能让他人燃起激情，甚至也不能被实现。要做大规划，在工作中立意高远，记住，一个高尚的、合理的图景一经创造便不会消亡，即便在我们死后依然会延续它的生命力，展现出一种万古长青的强大力量。

真正的愿景会影响你的听众，无论你是否在场，因为一个富有感染力的愿景会一天二十四小时影响我们的想法和想象力。

自尊

有影响力的说服者有着健康的自尊。自尊指的是我们爱自己到何种程度，指的是我们有多自信，对自己有多满意。优秀的说服者有着很强的自尊，他们对自己相当满意。高度的自尊让人们更加宽容、乐观、开放，更富有影响力。拥有自尊的人是强大而有安全感的，这意味着他们拥有敢于承认错误的勇气。他们不惧他人的批判。你可以想象，他们的自信会展现在人生的各个方面：工作、教育以及社会关系。拥有高度自尊的优秀说服者也有能力提升听众的自尊，让听众心态变得更加开放，更易接受他们的说服和影响。

所有人都需要和希望得到赞扬、认可以及接纳。了解和确信我们的价值或许是我们最深层次的渴望。我们希望得到赞赏和认可，只有那样，我们才会感觉自己受到了他人的敬仰和尊重。如果你能用一种提高他人自尊的方式与其交流、合作，你对他们的影响力就会得到增强。用合适的方法建立尊重、给予真诚的赞美会改变和提升行为能力。接受赞扬的个人会产生一种对荣誉的追求，会拥有一个证实赞美所言不虚的机会。

优秀的说服者不会对他人的自尊产生威胁。他们确信听众会对自己请求他们去做的事情感到自信。如果你提出要帮助对方，对方却认为自己应该知道如何自助，那么你的提议对他们的自尊将是一种打击。如果接受帮助导致了一种消极的自我感受，接受者会感觉受到了威胁，并会消极应对。我们更容易相信他人对我们能力的肯定，而不是那些相反的描述。

较低的自尊也会影响我们的思维和行为。下面我列出了较低自尊对我们所言所行的几种影响：

■ 我们以一种自我标榜的方式来回忆和证明我们过去的行为。

■ 我们对自己的信念和判断展示出一种夸张的、超过实际的自信。

■ 我们展示出集体荣誉感（比如，我们倾向于认为我们所处的组织更胜一筹，不管是信仰、接受的教育还是成长的国家）。

■ 我们对他人对我们观点的认同和对我们缺点的接纳有着过高的估计。

■ 我们不断拿自己与他人做比较。

■ 我们凭借自己所处的位置或拥有的财富而感受到力量和自尊。

■ 我们为了增强自我良好的感觉而打击他人。

说服力研究院的研究表明，多数时候，我们的交流被看作消极的，不论是出于何种目的。即便你说了积极的话，还是会有些人从反面去理解，认为它是消极的。当你需要说服某人时，关键的一点是，你要以一种真诚的方式来增强听众对自我的信心。我们的行为常常会让听众感到威胁、竞争、嫉妒和不信任。你需要确信你的赞美是发自内心的、真挚的。

表达真挚赞美的行为是不会出错的。赞美只会让人们感觉更好，精力更充沛，工作更有效率。你自己应该也有这种经历。当你接受真诚的赞美时，你脸上会露出笑容，你心里会感到高兴。不要总是等着某个时机到来，或者什么大事发生。你应该大方地给出你的赞美。只有让真诚地赞美他人成为你的日常习惯，你才会激发自己影响他人的潜能。

当你让人们对他们自己、他们的工作和成就感觉良好时，人们将更容易接受你的意见和建议，而这只有在你自身拥有较高自尊时才有用。顶尖的说服者知道，他们的自尊与他们提高听众自尊的行动会互相影响。当你让听众感觉到他们的贡献至关重要，他们很快就会变成你的支持者。

> 在越来越愤世嫉俗的氛围中，你或许会担心别人怀疑你的赞美真诚与否。想想下面的三点，来确保别人会接受你的赞美：
> - 找到积极的方面去赞美
> - 赞美具体的行为，而不是那个人本身
> - 要表达出真情实感

有影响力的存在

影响力是你成功座驾的巡航控制系统。一旦设置好，你便不再需要事实或数据去说服别人。你会用你的身份去影响他们，过程只需数秒而非数小时。优秀的说服者知道该如何建立短期和长期影响。将自己发展为一种有影响力的存在，能让你激发和激励他人采取行动。当

你掌握和利用起所有关键的影响力因素——魅力、激情、乐观、态度、同理心、愿景以及自尊——你将给予自己实现目标的能量。

红嘴蓝鹊和孔雀的故事

一只红嘴蓝鹊飞到了孔雀居住的草地上。在那里，他发现了孔雀换毛时掉落的羽毛。他把羽毛绑在自己的尾巴上，趾高气扬地走向孔雀。当他走近时，孔雀发现了他的伪装，开始啄他的头，把他用来伪装的羽毛统统拔掉了。最后，红嘴蓝鹊回到了其他红嘴蓝鹊身边，他们刚刚在不远处看到了他的所作所为，同样对他感到厌烦和恼怒。

寓意：欺骗和伪装不仅不能影响你的敌人，还会破坏你与朋友之间的友谊。

说服力技能 7

激励他人与自我激励

> 胜利并不能代表一切，胜利的欲望才能代表一切。
>
> ——美国著名橄榄球教练文斯·隆巴迪（Vince Lombardi）

对一个说服者来说，动力代表着一切。它不仅对实现目标过程中里程碑式的重大节点很重要，对这期间所有小的进步也起着关键作用。如果你无法激励自己，那么你什么事也做不成，甚至无法开始。在说服力的世界中，激励扮演着双重角色。一旦你成为一个能够持续自我激励的人，你的焦点就会转到启发和激励他人采取行动上。优秀的说服者都已经掌握了这些技巧，因此，这一章将主要介绍如何激励自己和他人。

请注意，我说过"一旦你成为一个能够持续自我激励的人"。持续性是关键。你应该能够想起无数个例子，当你对一些事情感到兴奋和极度狂热，准备挑战世界时，紧接着发生了什么呢？没过多久，你的激情、兴奋以及投入都将消耗殆尽。优秀的说服者能够持续激励自己，并能预见这些激励措施的影响。

我们必须理解人的本性以及我们做一些事时的心理。有时候，我们是充满干劲的，有时候我们在早上都起不来床。为什么会这样呢？因为我们经常缺乏一种能让自己继续保持最初的激情的体系或认识。

当激情只是偶然发生时，它对我们的认识其实是没有什么意义的。最初的激情是重要的，但是我们需要让这激情一直持续。激发动力是学校不会教授的另一个重要的成功技能。

保持动力要求你对自己诚实，意识到自己的情绪、境况以及行为准则是每天每时都在变化的。我们都不免会遇到低潮。你应该准备好动力的安全网。你还需要一个完整的体系。当你精力很旺盛、感到很兴奋以及动力很强时，想想你如何能将动力保持下去。将动力想象成一条平静流淌的河流，而不是一片滔天巨浪。这个概念听起来很简单，它也确实很简单，但正是因为简单，它才成了最容易被忽视的说服工具。说服力研究院的研究发现，当被问到能否每天激励和动员自己时，超过 50% 的说服者认为这很难做到。我相信这个统计数据是正确的，因为人们一般认识不到动力必须天天维持，有时甚至需要时时维持。

如果从为身体提供营养的角度来看，我们遇到的很多对动力的挑战事实上是可以被克服的。我们从来不会说："我吃了一顿大餐，应该可以管一个月了。"很明显，我们的身体每天都需要营养，动力也是一样。只有当我们有着清晰、稳定的人生动力时，我们才可以获得巨大的成功。

我们生活的世界催促我们当下就要得到想要的东西。我们希望快速实现任何事情。我们想要立即获得满足，迅速得到结果，还希望最好能付出最小的努力。比如，你在街上随机对人群进行调研，问他们是否想获得经济独立，是否想减肥，是否想拥有更好的人际关系，几乎每个人都会做出肯定回答。但他们当中有多少人能够做出详细的行动计划并严格执行计划，逐步实现目标呢？我打赌，即使有，也很少。这种缺乏行动力的表现正是人性的体现。在受到激励时，我们都会感受到激情的火花，但是我们从未让烈焰燃起。或者，我们确实点燃了火花，却缺乏让火种持续燃烧下去的切实计划。

动力抑制因素

很多时候，通往成功的路径一开始是极其清晰的，但是逐渐就会变得模糊了。是什么让道路模糊了，又是什么抑制了我们的动力呢？我们或许能说出无数的阻碍，但缺乏长久的成功比日常的退步、烦恼、沮丧都影响深远。花一点时间想一想为什么会遇到曲折：是自我怀疑、自我破坏、自我抱怨、内心消极的声音以及你知道应该做什么却半途而废的行为。有时候，我们缺乏毅力和坚持，是因为被要求做到的事情与我们习惯的行为方式不一致。另一些时候，是因为我们做事时并没有正确的理由，也没有采取正确的方式。有时候，我们仅仅是希望解决表面问题或者采取表面行动，而没有触及深层问题。也就是说，我们常常治标不治本。

优秀的说服者一般都有着积极的人生观，他们周围的人也都是像他们一样成功甚至比他们更成功的人。很多时候我们缺乏动力，是因为我们会无意中破坏自己的努力，或者让别人破坏我们的努力。于是，我们甚至意识不到这些情况的存在，就好像我们自己无意间踢翻水桶泼在了火上或被其他人浇灭了火焰，我们还不停挠头，不知道为什么火熄灭了。

两种最大的动力抑制剂是我们的思维模式以及我们交往的对象。向四周看一看，你周围的人是在帮助你还是在抑制你？他们如何看待和评价你的目标、梦想和追求？很多时候，我们之所以放弃，正是因为我们尊敬和爱的人没有给予我们应有的支持和鼓励。他们未能提供支持，是因为他们心怀戒备，或者没有完全理解你的处境。或者，他们理解你的处境以及可能产生的影响，但就是不买账。又或者，他们只是出于嫉妒或憎恨，因为他们没能追求自己的梦想。虽然，的确存在不少否定你、对你的规划不理解或者不信任，或者看着自己的人生不断滑落并想拉着你一起滑落的人，但也有一些成功追求梦想的人。

那些人会鼓励你像他们一样追求梦想和成功。你要做的是待在那些能够启发和激励你的人周围。

　　另一个限制你获得动力的因素是你的思维方式。很多情况下，我们的梦想失去了生命力，或者我们彻底放弃了梦想。但我们失去梦想的能力，就相当于我们生命的一部分死去了。如果你发现自己处于这种情况下，你必须重新调整自己，让梦想复苏。要诚实地面对自己：你是否会编造借口，说自己做不到或不该做一些事，甚至告诉自己你没有时间去做？这种行为就叫"自我设限"。我们通过寻找借口或想象自己未来的失败来破坏自己的努力和渴望。追根溯源，我们或许觉得这种思维模式是更加安全的路径。想要成功的想法或许是可怕的——这意味着放弃旧的、习惯的模式来拥抱新的、不习惯的模式。意味着新的承诺、变化以及调整。

　　你或许听过一头被拴在木桩上的小象的故事。小象试图自己跑掉，但是木桩插在地里太深，拔不出来。小象长大以后，要拔出木桩已经是轻而易举的事，可惜它已经放弃太久，现在连试都不试了。积极心理学的创建者马丁·塞利格曼（Martin Seligman）博士将这个概念称为"习得性无助"。塞利格曼博士认为，当我们任由习得性无助发生时，会出现以下消极的结果：

- 破坏从环境中学习的能力
- 阻碍创新能力
- 降低对未来成功的预期
- 产生情绪障碍，如焦虑、敌意、恐惧以及沮丧
- 损害身体的免疫系统
- 阻碍升职加薪，动摇职位稳定性

当我们对自己诚实时，我们会发现，习得性无助会占上风。为了战胜这种困难，你需要胸怀梦想，而且是远大的梦想。你必须充满动力，打破那些束缚。记住，你赋予阻碍多大力量，阻碍就会产生多大

阻力。就像那头小象长大后，木桩和链子已经不再是真实的阻碍。是什么让你止步不前？什么是你人生中的木桩和链子？是什么每天早上叫醒你起床？如果你的梦想是灰暗的，你很难保有动力。

优秀的说服者对自己的成功、失败和自己的人生全权负责。如果你想找，我相信你能找出至少二十条你可能会失败的理由。但这些都没有关系，因为你只需要找到一条你必须成功的理由。我们也可以任由自己夜以继日地去寻找借口。事实上，我在说服力的世界里反复听到的是下列借口：

- 我做不到给陌生人打电话
- 他们只是幸运罢了
- 这是我不擅长的领域
- 现在经济正在下行
- 他们给我使绊子，我才失败的
- 我的员工都讨厌我
- 我试过了，但是没用
- 这种营销手段已经过时了
- 我不擅长在电话里谈事情
- 竞争太激烈了，无处不在
- 产品还需要改进
- 我要是有那种条件，一定会成功
- 我怎么可能竞争得过……呢
- 公司没能发展出足够多的客户

不论遇到何种挫折，你都需要全副武装，奋勇向前。想一想，如果亚伯拉罕·林肯被批判他的声音打败，会发生什么；如果托马斯·爱迪生认可了说他的发明不可能成功的话，会发生什么；如果比尔·盖茨听从他在哈佛学习时导师的建议留在学校完成学业，会发生什么；如果马克·维克托·汉森和杰克·坎菲尔德合作的《心灵鸡汤》

（最后售出数百万册）被一百多个出版商拒绝后就放弃，又会发生什么。类似的故事还有很多很多。那么你的故事又是什么样的呢？你是否会书写自己的故事——还是让别人替你书写你的故事？你最应该从这些经历当中学到的是，千万不要让无关的人消耗你的精力和动力。

让我们摆脱习得性无助，摆脱失败的借口，下定决心，取得成功。

承诺

如何履行承诺，与你认识和看待问题的角度有关。当你思考人生时，你是能够看到全局，还是被一瞬的想法干扰？你必须确保你对人生的认识非常稳固；否则，你的承诺也不能持久。我们都知道，当有些人说"我会试试"时，他们其实永远也不会去尝试。"我会试试"

> 最终成功的是那些选择了一条路就坚定不移走到底的人。
>
> ——美国钢铁大王
> 安德鲁·卡内基
> （Andrew Carnegie）

和"我会去做"是两种截然不同的态度：一种是你坚定的承诺，一种是你为自己留的一条后路。一定要确保你能对在兴奋时做的承诺抱有持续的激情，从而进一步提升能力。优秀的说服者所做的承诺不会被情绪左右。

一种让承诺持续强大的办法是增强我们的意志力，并培养延迟满足的能力。斯坦福大学的心理学家沃尔特·米歇尔（Walter Mischel）曾做过一个名为"棉花糖实验"的研究。他让一群四岁的幼儿进入一个房间，给他们每人发了一个棉花糖。他告诉孩子们，他们可以现在就吃棉花糖，也可以等他 15 分钟或 20 分钟回来后再吃。能等到他回来再吃的孩子可以再获得一个棉花糖作为奖励。不少孩子能等到他回来，也有少数孩子等不及。在实验结束后，米歇尔对被试儿童在生活中的表现进行了持续跟踪。结果令人吃惊。他发现那些能够延迟满足的孩子此后无论是在学术还是社会生活，甚至在情绪管理上都比那些等不及的孩子要成功两倍。在高中学习中，那些意志力强的孩子与缺乏意志力的孩子相比成绩更好，SAT 考试成绩高出 210 分。

即便是最强大的个体，其责任心和意志力水平也无法始终如一。意志力就像电池一样，当你不断使用它，它就会像电池电量一样开始下降。是什么在消耗你的电量？是疲乏、消极情绪、低血糖、对情绪的压抑甚至同侪压力，这些因素会比其他任何事情更快地消耗你的意志力。

短暂的休息或许会让意志力更强，一项有趣的研究支持了这一论点。研究者让被试大学生来参加一个味觉测试（或者让他们以为自己是来参加味觉测试的）。实验要求学生在抵达实验室前三个小时禁食，保持饥饿状态。他们在进入房间时，闻到了刚刚出炉、堆成小山的巧克力饼干的香味，旁边还放着一碗新鲜的、切好的萝卜。进入房间后，他们被分为两组。一组被告知只可以吃巧克力饼干，一组被告知只可以吃萝卜。随后，他们就在屋子里随意走动，等待研究者到来。显然，吃萝卜的一组学生需要强大的意志力克制自己不要去吃巧克力饼干，而只吃萝卜。过了五分钟，学生被告知他们需要等到对食物的味觉消退后才可以开始下一个任务。接着，他们接到了一个不相关的任务（至少他们认为不相关）：解决一道谜题。学生们不知道的是，这道谜题其实是没有答案的。研究者希望看到学生们何时会放弃解题。

研究者曾经得出结论，意志力和自律会随着连续完成任务而被削弱，正如过度使用后的肌肉会感到疲惫，经过长时间使用的电池的电量会耗尽一样。之后，研究人员检视了两组被试——吃饼干的一组（不需要任何意志力）和吃萝卜的一组（需要意志力来抵抗饼干的香味）——结果是很有趣的。吃饼干组在谜题上花了 18.54 分钟才放弃，而吃萝卜的一组在 8.21 分钟后就放弃了。吃萝卜的一组此前已经使用了意志力，因此在解谜题时比没有使用意志力的那一组放弃得要快 2.25 倍。也就是说，我们越是连续使用我们的意志力，它的消耗就越多。

绝望循环：动力为什么会失效

动力作为说服工具最易受到批判的原因是，它给我们带来的结果往往是暂时的。这个观点有一定道理，但只是在没有正确运用激励时才会发生。为错误的理由针对错误的事情进行或接受激励永远不会有效。我将以短期结果为目标的激励行为称为"绝望循环"，指的是我们更愿走更容易的而不是最佳的路径。我们习惯待在舒适区 —— 那些不需要我们花费太多精力对周围环境进行分析的地方 —— 而且在舒适区内，我们是按照惯性、沿着既定路径生活的。结果便是，我们拒绝改变。我们不想挑战自己，不想追求卓越。我们停留在舒适区还有两个原因，分别是对未知和对犯错的恐惧。正如马克·吐温所说："一只被热炉子烫过的猫不会再坐到热炉子上了，但它也不会再坐在冷炉子上。"舒适区是安全、熟悉的，但会让我们被恐惧吓退，从而无法激励自己去冒险。

然而，恐惧也会影响我们的自我评价。在某一个时间点上，我们会意识到，我们需要去做的事一样也没完成。突然间，我们会对成长感到恐惧，会害怕自己一事无成。在思考人生使命时，我们会恐慌，会疯狂地工作来弥补浪费的时间。这种手忙脚乱的努力会持续一阵子，直到我们发现要攀登的高山是多么陡峭，要跑的马拉松是多么漫长，这时我们的兴奋感和动力就会减退。我们会发现自己又回到了舒适区，开始漠视不久前刚刚感受到的恐惧，继而感到麻木不仁。随后，我们又会重复这样的过程。因此，我们发现自己身处绝望循环中。

在这里，我以一个常见的场景为例。比如，你马上要去参加高中同学聚会，但是过去几年，你吃了不少好吃的（或许是巧克力饼干），结果，你的衣服在身上紧绷绷的。你不想就这样臃肿地去参加聚会。你开始担心，如果这样去参加聚会，别人会怎么看。出于恐惧，你发誓要在活动开始之前成功减肥。为了减肥这个目的，你开始节食，甚至开始锻炼。你的体重下降了，以健美的身材和自信的形象参加了聚会。但在回到家后，你认为继续减肥应该是件好事，但你也认识到，要做到这点比你想象中难。你开始再次纵容自己，刚开始只是少量的，随着时间推移越来越多。你终止锻炼了。你的体重又恢复了，可怕的循环再次开始了。

激励没有动力的人：马斯洛需求层次理论

优秀的说服者能够发现并满足那些未被满足的需求和渴望。激励他人的两个关键是：（1）发现他们的需求和渴望；（2）想到如何去满足他们。

优秀的说服者知道，我们无法在同时以同样的方式去激励每个人。我们很多人都熟悉亚伯拉罕·马斯洛（Abraham Maslow）的需求层次理论。马斯洛是一位著名心理学家，他提出的需求层次理论展示了人们在不同阶段最需要被满足的不同需求。这一系列需求的底层是生命的基本需求。只有当基本的、维持生命的需求被满足后，人们才会去考虑更高层次的需求。如果低层次的需求未被满足，满足高层次需求的动力就不会很迫切。

当基本的需求被满足时，人们的动力就会减少。我们就会将需求层次向上移，在其他领域寻找目标。比如，如果我们认为自来水的存在是理所当然的，我们就不会以一杯水为目标采取行动。相反，如果我们连这个月的房租都交不了，我们就不大会去想该如何满足自

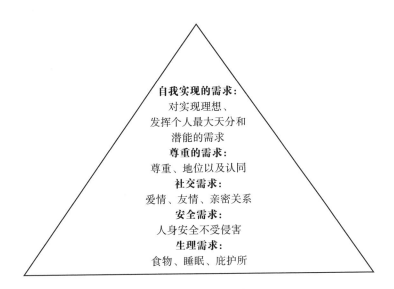

我实现的需求。最终，正如人们所说，一个牙痛的人是无法坠入爱河的。

　　为了有效地激励听众，你应该首先找到听众的需求层次中未被满足的最低层次需求，并提供能够实现那个需求的机会。

　　也不要做假设——你能在下面的表格中看到，你的假设常常是错的。优秀的说服者会直接与对方对话，并会先花时间去倾听和理解他们的需求和渴望。下面有个例子，你可以从中看到雇员想要的是某种东西，而他们的经理却认为他们想要的是别的。想想如果经理们真正与雇员接触一下，他们对团队的激励效果会如何大增。我们认为别人需要的东西往往不是他们真正需要的。研究表明，十个人中仅有一个以有意义的方式表达对他人的认可或激励。优秀的说服者能够持续发现这些需求和渴望。

经理对员工动力的排序	员工对动力的排序
1. 薪酬	1. 有趣的工作内容

（续表）

2. 职位稳固	2. 对完成工作的肯定
3. 发展和升职机会	3. 对业内信息的掌握
4. 良好的工作环境	4. 职位稳固
5. 有趣的工作内容	5. 薪酬
6. 对员工的个人忠诚度	6. 发展和升职机会
7. 通融的管理制度	7. 良好的工作环境
8. 对完成工作的肯定	8. 对员工的个人忠诚度
9. 对个人问题提供的帮助	9. 通融的管理制度
10. 对业内信息的掌握	10. 对个人问题提供的帮助

鼓舞 vs. 绝望

我们的人生中只有两件事可以激励我们：鼓舞和绝望。我们要么朝着鼓舞我们的方向努力，要么离开那些给我们带来失望和不适的事情。很多人只会利用绝望来激励自己。任何说服者都可以用绝望、恐惧和担忧来激励一个听众，但问题是，绝望带来的激励并不能持久。受绝望或恐惧激励的人们通常满脑子都是他们想要逃离的恐惧根源，而无法对其他任何事进行思考。

如果你希望个人激励可以持久，那么你需要依靠鼓舞的力量，而鼓舞是根植于我们的情绪和愿景之中的。使用鼓舞为激励方式的积极结果是显而易见的。而且，受到鼓舞的人们并不需要在面前挂一个胡萝卜去引导自己完成什么事。他们可以进行自我激励，不会等待外部环境来给他们动

> 激励来自内心。如果有人想替你点燃动力之火，有很大概率发生的是，火苗很快就会熄灭。
>
> ——史蒂芬·柯维

力。激励不是一成不变的，我们都需要不同形式的激励。每天，甚至每个小时，我们都需要不同形式的激励。优秀的说服者知道该在什么时间使用以及如何使用不同的激励方式，他们不仅作为一个说服者会这样做，在个人生活中也会自然而然地这样做。另一个关键点是，如何在每个说服场景中组合使用不同的激励方式。

说服力研究院的激励体系

优秀的说服者擅长使用不同的方法去说服不同的人。我将帮助你理解什么能够真正激励人们（也包括激励你自己）。优秀的说服者是如何激励听众和他们自己采取行动的，甚至在需要做却不想去做的时候也能起到作用？让我们来看看激励的科学（见下页图）。请注意，激励（或者改变的意愿）并不是动力体系的中心。中心是我们的舒适区，是我们感到满意的地方。你如何说服自己或别人离开那个中心呢？

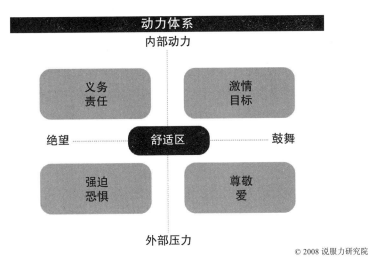

© 2008 说服力研究院

让我们先由左下四分之一象限看起。我们看到的是外部压力导致的绝望。这个区域是用来做短期激励的，无论谁处于这种境况下，都是可以被激励的。当你正处于恐惧之中或者在被迫做什么事时，绝望就会被引发。假设你讨厌你的工作，根本不想去上班，你之所以还会去上班，是因为你不得不去。这种外部（压力带来的）绝望告诉你，如果你不去上班，你会丢掉你的工作，你将没有收入，连家都没有。这个区域是多数人所处的区域。也就是说，他们所做的事都是他们被迫去做或不得不去做的事。恐惧的激励作用是不适的 4 倍。恐惧是一种有力的说服工具，但它不应该是你仅有的一种。在说服过程中利用恐惧是有时间和地点限制的。优秀的说服者知道该在何时以及如何利用恐惧，也知道应该利用到什么程度。

到左上四分之一象限，我们会看到内部原因导致的绝望。我们再次假设，你不想去上班，但内部绝望说服你，这是必须去做的事，也是你应该做的事。换句话说，你认为去上班是一种职责或义务。你也只是为了上班而上班。你可能是因为某个你正在参与的项目而感觉必须去上班。你也可能是感到了一种对经理或同事的责任：你必须去上班，减轻他们的工作负担。你还是会去上班，即便你完全不想去。你的理性打败了你的感性。注意观察，你就会发现，那些利用绝望来激励自己的人都是不快乐的。如果你不能转换到动力体系的另一面，你就永远不会成为你命运的主人，也不会实现你所追求的成功。

下一步，让我们看看右下四分之一象限，外部鼓舞。在这里，你受到外部力量的感染和鼓舞去做你需要去做的事情。鼓舞是根植于你的情绪中的。一旦你开始有效开发自己的情绪，你将驱动自己和他人实现长期乃至永久的激励。当你的理性告诉你不能做时，你的感性会占上风。在说服力研究院激励体系的这个区域中，你会出于尊敬或爱去做事。也就是说，你去工作，是希望为你的家人提供更好的生活。你全心投入工作，是因为你想让你的孩子去最好的学校，或者想为家人买一套新房子。你的工作动力是周围的人和事。

在右上四分之一象限，你会发现长期激励的最佳形式，也就是内部动力。内部动力常常被人们称为"激情"。你发现了你人生的目标。在说服的过程中，如果你能够帮助其他人开发他们的内部动力，你会为他们带去纯粹的、长期的激励效果。还是以此前提到的工作为例，当你对你的事业充满激情时，你去上班时会感到十分兴奋。你不会把工作看作一种负担，而是将它看成你热爱的事情。你可以改变世界，并服务于你周围的人。更重要的是，你将充满激情地致力于和世界分享你的信息、产品或服务。优秀的说服者知道如何利用激励。当你在说服过程中在错误的时间使用了错误的激励方式时，会产生事与愿违的结果。请研究说服力研究院的动力体系，直到你完全理解表格中的内容，能将它们用在任何说服场景中。

> 走近一个人内心最好的办法是与他探讨他最看重的事情。
>
> ——戴尔·卡耐基

具体的激励方式

优秀的说服者会利用说服力研究院激励体系的四个象限去说服和影响他人。这四个象限会引导你开拓你的理性和感性部分，并激励你自己和你听众中的每个成员。一些人只能受到短期激励，这时你要对他们使用绝望来进行激励。当你激发了一些人的激情时，你便能帮助他们开发自我，让他们跟随你的号召长期采取行动，去做你激励他们做的事。他们会对你带去的信息感到十分兴奋，并会遵从你的要求。优秀的说服者能够通过声音变化、词语选择以及身体语言来判断听众是处于受鼓舞还是绝望的状态。

一项研究组织了一些大学生，让他们花费大约三小时来研读神经

心理学材料。一半学生被
告知，他们将在学习结束
后接受考试和评分。另一
半学生被告知，他们将在
学习结束后将学到的内容
教授给其他人。在结束三

> 激励是一种艺术，能够让人
> 们因为自己想做而去做你想让他
> 们去做的事。
>
> ——德怀特·戴维·艾森豪威尔

小时的学习之后，研究人员对学生进行了调研。调研结果表明，那些
认为他们在学习后要去教授别人的学生比那些认为自己学习后会接受
考试的学生有着更强的内在动力。相信自己能够为他人服务，让他们
把完成任务的愿望内化于心。

创造饥饿的驱动力：激情

为了成功地激励他人或你自己——或让他人将激励内化——你
必须创造出一种强烈的饥饿或渴望。在你的说服过程中，你会发现人
们更容易受到短期激励，随后就会失去动力，重新回到他们一直想要
摆脱的窠臼中去。作为一个说服者和激励者，你必须理解是什么原因
导致人们由作为转而不作为。是什么让他们失去了兴奋感、愿景以及
能量？我们说服力研究院的研究发现，主要有以下几项原因：

■ 缺乏激情。他们将绝望视为人生的动力，或者找不到任何可
以鼓舞他们的事情。

■ 态度不佳。他们的消极态度根深蒂固，期待和信仰与他们的
追求不匹配。

■ 意愿逐渐减退。他们一开始在正确的轨道上，但他们现在失
去了动力。他们忘记了起初受到激励的原因。

■ 漠不关心。他们不再关心任何人、任何事。他们失去了表达
关心以及专注改变自己或周围人的人生的能力。

■ 习惯的奴隶。他们并没有改变原来的坏习惯，而是重蹈覆辙。

■ 缺乏毅力。他们太容易放弃，在遇到第一个阻碍时就熄火了。

■ 缺乏紧迫感。他们没有设定实现成就的任何时间计划。停滞不前的痛苦尚未达到让他们立即采取行动的程度。

■ 同辈压力。周围的人比他们自己对他们影响更大。他们找不到能够抵抗来自朋友和同辈的压力的支持力量。

■ 缺乏愿景。为了短期的快乐而放弃了长期的成功。

■ 缺乏自信。他们缺乏在达成行动、获得知识以及实现成功之后才会拥有的自信。

■ 缺乏计划。他们无力面对挑战，或只能坐等一切事情自行步入正轨。他们没有任何行动计划。

■ 缺乏真正的愿望。他们不想付出任何代价。他们的目标只是一个空洞的梦想而已。他们利用外部压力带来的绝望作为动力，或者只会按照他人的意愿来度过一生。

激励公式：找到开启激励的开关

优秀的说服者会系统性地减少或者克服出现在他们听众面前的阻碍。你可以运用下面的激励公式来了解在不同人身上应该使用哪个公式。

激励公式如下：

鼓舞公式：$\dfrac{（渴望 \times 回报）+ 工具}{困难 - 时间} = 鼓舞的程度$

绝望公式：$\dfrac{（恐惧 \times 后果）+ 工具}{困难 - 时间} = 绝望的程度$

你如何能够最大化说服力公式呢？看看鼓舞公式的第一个因素：

渴望。这个概念应该是很容易理解的。为了成功地激励你的听众，你首先应该理解的就是他们的需求和渴望是什么。"渴望"包括他们需要什么，他们的目标是什么，他们希望成就什么，他们未来想去往哪里。

鼓舞公式的第二个部分是回报。换句话说，你的听众是否认为值得去采取行动？他们行动后获得的回报是什么呢？他们做完这些事后会得到什么呢？得到的东西对他们有何用处？他们能完全理解其中的价值吗？他们体会得到吗？感觉得到吗？品味得到吗？

再看看绝望公式的第一部分，它是以恐惧开始的。是的，有时恐惧和绝望是可以激励人的。面对恐惧，人们会躲开。他们关心的是什么，害怕的是什么，担心的又是什么？恐慌、不安，那些让他们感到焦虑的情绪都可以被纳入这个类别。

绝望公式的第二个部分是后果。如果他们不采取行动或者不激励自己，会产生什么样的后果？惩罚是什么？不做出改变的代价是什么？如果他们再不采取行动，他们的人生将发生什么？作为一个说服者，你必须清晰、生动地将这些可能发生的最坏的情形向你的听众描绘出来。

公式余下的部分对鼓舞和绝望来说是一样的。公式的下一部分包含工具。你的听众是否拥有必要的工具来完成你交代的任务？他们是否拥有完成任务的能力？他们是否拥有将指令转化为行动的知识或智慧？他们是否拥有必要的资源（比如交通工具、资金、关系或者自信）来完成任务？

现在，我们来看公式的另一半，这部分稍微有点棘手。你交给听众完成的任务难度有多大？或者，更重要的是，你的听众认为任务的难度有多大？他们是否认为任务难度太大而不值得去做？他们能够真正去完成你要求他们完成的任务吗？这任务是否值得他们付出努力？

公式的最后一部分是关于时间计划的。你的听众能否在你要求的时限内完成任务？过长的时间计划是否会让他失去焦点，慢慢发现更多阻碍而无法完成你交代的任务？他们是否觉得你给出的时限足够完成任务？他们是否有动力一直聚焦任务，直到他们最终完成任务？

　　在你的工具箱中备好这些公式，你就可以分析你的听众了。如果你能根据特定听众的动机水平理解公式的每一个方面，那么你就可以随时调整你的提议，进而每次都激励你的听众采取行动。

照顾好生活的方方面面

　　另一种提升你激励自己和他人能力的方式是，确保你生命中的各个方面都能得到照顾。优秀的说服者过着一种均衡的生活，能够理性地看待一切。我将这种微妙的平衡称为"生活分配"。对你生命中的各个方面，确保精力分配合理。不平衡的生活分配会破坏动力，导致无作为和不快乐。很多时候，我们正是由于生活中的不平衡而过早放弃努力，甚至在放弃时都没有意识到不平衡的存在。或许我们的生命中只有一个方面出现了紊乱，但这对我们生命中的其他部分依然有着直接的影响。正如对一个共同基金而言，一只坏股票会让整个基金的价值跌落，你生活中一个欠佳的方面也会对你的整体生活产生不成比例的消极影响。

　　问问自己这些问题：我会投资我自己的共同基金吗？我会建议我的家人或者朋友投资我吗？这些都是很难回答的问题，但答案有助于你的人生回到正轨。看一看代表你对自己生命进行投资的股票。哪一只股票在让你的整体价值跌落？你的共同基金是在增长还是在亏损？你的基金是停滞不动的吗？如果你不对自己投资，那么谁又会对你投资呢？

　　在看待生活时，我们必须意识到，每一部分都不是独立的，而是更大的整体的一部分。你人生中的每一个方面，要么会促进，要么会伤害你人生中的其他方面。我们的目的是让所有部分一起协调工作，这样才能创造一个表现良好的基金。然而，你必须认识到，你也可能在人生的某方面投资太多。你这样做时，就像汽车轮胎一样，会出现失衡问题。即便是好事，做得过火也会带来灾难。

在对自己投资时，要确保在下面六个方面都有所投入：

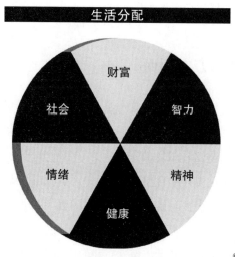

© 2008 说服力研究院

财富

如果你无法满足自己的财富需求，那么你就不能管理好你的基本需求。如果你忽视自己的财富，一定会出现失衡现象。我们都知道，如果没有能力支付账单，我们生活的方方面面都会受到影响。财务自由能让我们的人生实现真正的平衡。

健康

如果身体不舒服，你甚至无法开始思考你人生中的其他方面。你需要一个确保身体健康的计划。你对营养学和运动健身是否有一定了解？如果没有，缺乏健康或者精力会让你的个人价值不断跌落。

情绪

我们本质上都是情绪动物。我们的情绪如同汽车的温度自动调节器或仪表盘，会告诉我们何时地该对我们的人生做出改变。你不能让愤怒、憎恶、沮丧、怨恨以及嫉妒控制你的人生。你应该控制自己。你如果无法控制自己的情绪，就不能控制你的行动。情绪把控能力对于打造各方面均衡的生活而言是至关重要的。

智力

个人发展会令你感到兴奋，令你充满动力和激情。只有当我们持续学习和成长时，我们才会拥有最佳状态。我们每天都需要以某种形式自学并进步。不能实现自我发展会让我们变得消极、愤世嫉俗和悲观。

精神

你需要适时倾听自己内心的声音，知道自己是谁，要去往哪里。我们都有精神层面上的追求，需要享受精神层面上的生活。我们对"精神"的定义因人而异，它可能意味着为他人服务、宗教信仰、冥想活动或者亲近自然。你需要好好倾听自己内心的声音，开发你的精神世界。

社会

我们也都是社会动物。我们最强的力量和优质的生活都是社会关系造就的。比如，良好的社会关系是人生幸福和平衡的重要一环。有成就感的人生需要你追求某些意义或目标。没有人是一座孤岛。

我们常常像陀螺一样浪费了太多时间，买入毫无价值甚至会让我们的人生基金价值下跌的股票。我们常常忙着购买社会期望我们购买的股票，而忘记去检视它们于我们是有利还是有害。有时候，我们也需要售出股票（改变一个习惯或者一种信仰），因为它们对我们的人生已经不起作用了。我们总是需要确定我们是一成长型基金，我们在不断地对自己做正确的投资。如果我们忽略生活分配的任何一个方面，我们的整体幸福感和成就都会受到损害。

隐藏的钥匙：持久动力

动力来自清晰、充满激情的愿景。优秀的说服者能够激励他人在他们感受到动力的领域产生成功的信心。没有人喜欢失败。克服怀疑和不信任的最佳方法是在听众心中建立一种必胜的愿景。畅想我们会赢，并在脑海中看到胜利的生动场景，将让我们产生内在动力。知名教练查尔斯·加菲尔德（Charles Garfield）说过，表现最优秀的人正是那些心怀使命感的人。

优秀的说服者会向观众展现胜利的景象。当人们能够感受到胜利或者成就时，他们便会做出需要的牺牲，并会精力充沛地去实现他们的目标。无论如何，他们都会找到通往成功和胜利的路径。如果他们察觉到自己可能会失败，他们将不会做出任何努力。相反，他们会编出很多借口，对任务也缺乏激情。你可以说出令人信服的借口，但它们依然是借口，而不是结果。

激励是真正的艺术。当你理解人的本性和影响力在其中的重要作用时，你不仅能够进行激励，还会赢得

> 即便你为山羊穿上真丝裙子，它依然是一头山羊。
>
> ——爱尔兰谚语

激励和启发他人的权利。你能够做到 24 小时都充满激情吗？你是否拥有实现追求和目标所需的一切？

跳舞的猴子

　　一个国王养了一些猴子，让它们接受跳舞和表演训练。猴子天生擅长模仿人类，学得很快。当穿起精美的演出服、戴上面具时，它们跳得很好，几乎与人类无异。表演进行中，观众中不断发出热烈的掌声，直到一个捣蛋鬼朝舞台上扔了一把糖果。看到糖果的那一刻，猴子们忘记了之前接受的训练，停下了舞蹈。它们立刻由训练有素的演员变成了猴子（当然，它们本身就是猴子）。猴子们摘下面具，扯下戏服，开始为争抢糖果而大打出手。最后，表演在观众们的讥笑和嘲讽中结束了。

　　寓意：追随自己内心真正的激情和追求。不要追求社会希望你追求的东西。要拥有属于你自己的梦想，找到真正的自我。不要被人生中的小糖果诱惑。

说服力技能 8

提高展示和沟通技能

如果有一天，神秘莫测的天意把我的全部天赋和能力夺走，而只给我选择保留其中一样的机会，我会毫不犹豫地要求保留口才，如此一来，我将迅速恢复其他能力。

——美国政治家丹尼尔·韦伯斯特（Daniel Webster）

不知你是否注意到过去 20 年间演讲、交流以及培训方面发生的巨大改变？过去的焦点主要集中在教育上，现在最新的研究都在关注如何抓住观众的注意力以及帮他们长久地保持兴趣。我们不再简单地关注教育了。从现在开始，我们必须让听众在交流过程中感到快乐。我们必须让听众保持全神贯注。

优秀的说服者能够一直抓住观众的注意力。研究表明，人们能够集中注意力的时长变得越来越短。你不需要做一个脱口秀表演者，但你必须能够让听众一直跟着你的思路走，你的语言要引发他们的共鸣，要让他们听得进去，准确地理解你的意思。一旦失去他们的注意力，你就不再能够说服他们了。你或许经营着一个很棒的网站，或许很会穿衣打扮，或许印制了精美的宣传册，或许有着足以服众的一系列证书，但事实是，最重要、最有效的说服工具永远是你自己，展示你自己的一种很重要的方式是交流。自我展示能力不足、靠产品说话的日子已经一去不返了。今天，你必须给你的听众留下深刻的印象，而且必须在极短的时间内成功。人们往往在几秒钟之内想法就会发生改变。为了免受这种倾向的影响，你必须依靠激情、同理心以及明确的目标去教育、启发和娱乐听众。

优秀的说服者都是优秀的沟通者。著名励志演说家、畅销书作家吉姆·罗恩（Jim Rohn）曾经说过一句话："在我学会如何有效说服和交流后，我的收入从六位数增长到了七位数。"你的沟通能力对你的成功至关重要，然而这又是一项被忽视的、学校没能真正教授的技能。这些交流包括电话沟通技巧、面对面交流、小组展示，甚至包括写邮件。

很多说服者误以为自己有着超出平均水平的说服技能。你的说服技能超过了平均水平吗？我们的研究表明，34% 的说服者认为他们有效地掌握了沟通技能。然而，真正与听众交流时，只有大约 11% 的说服者掌握的展示和沟通技能是有效的。优秀的说服者会持续不断地锻炼他们的展示技能。对他们而言，总是存在可以不断完善和提高的空间。

研究表明，平均来说，当一个说服者向听众介绍一个产品或者服务的 6～8 个特点时，一般人只能记住其中的 1～2 个，最多 3 个。在超过 40% 的案例中，听众还会记错其中某一个。在 30% 的案例中，人们还会记错成说服者从未提及的一个特点。我们还发现，93% 的听众会误解说服者提供的部分信息。最糟糕的情况是，听众不会提问或试图确认。一个迷茫的大脑一定会说不。一个迷茫的大脑必须要先想想。一个迷茫的大脑一定会说随后再答复你。一个迷茫的大脑是很难实现说服和影响的。

第一时间抓住注意力

在见到听众时，你如何能够在最初 30 秒内抓住他们的注意力？你能够向他们证明你说的话值得听吗？想一想：每次你与某个人交流时，他们不是在付出时间，就是在付出金钱。你的听众在支持你，他们希望你成功。就像你不希望浪费时间和金钱一样，他们更不希望浪费这些。那为什么很多时候还是浪费了呢？

有时候，当你接触一些新鲜事物时，知道不该做什么其实和该做什么一样重要。让我们先看一下对人们交流的一些"抱怨"：

■ 说话声调单一

■ 回避眼神交流

■ 坐立不安及其他令人不悦的小动作

■ 使用很多语气词（如"嗯""呃"等）

■ 缺乏情绪或信心

■ 听起来很机械，或者充满套路

■ 展示太匆忙，或者说话语速太快

■ 居高临下地与听众交流

■ 没有找到双方的共同点

■ 未能让听众看到展示对象的任何价值

■ 向听众施压

■ 向听众提供过量信息

■ 缺乏条理，从一点跳跃到另外一点而没有任何过渡

■ 没有事先查看环境，排除干扰因素

■ 不会倾听

■ 在错误的时间说错误的话

■ 没有根据现在交流对象的个人特点进行调整

■ 表现出焦虑或恐惧

- 急于得出结论

- 不停打断听众

- 急于给出一个预先决定好的、只对单方有利的解决方案

- 选择性倾听

- 没有与听众的情绪实现共鸣和共情

- 让个人情绪牵扯其中

- 以傲慢的方式展示自己的知识

好在上面提到的这些问题一旦被指出，是很容易改正的。但问题是，我们并没有意识到我们常常会犯错。优秀的说服者会发现他们在说服方面的弱点。他们在通电话时会进行录音，录音回放能让你站在听众的角度思考问题，并给你一个真实地评价自己表现的机会。何况，录音是不会撒谎。当然，这确实是一种令人痛苦的练习经历，但你将获得无法通过其他方式获得的宝贵经验。记住一句老话："没有付出就没有收获。"优秀的说服者会通过经历一些痛苦来保持成长。

克服对演讲的恐惧

我们中很多人在某些时刻都会对说话产生恐惧，这里指的就是对在公共场合演讲的恐惧。即便这个问题十分普遍，但当我们知道多数人的恐惧都是后天习得的，而不是天生的（还记得我们在第三

> 如果在演讲和下油锅中做出选择，很多人会选择下油锅。
>
> ——国际沟通学专家菲利斯·门德尔（Phyllis Mindell）

章中提到的，新生儿只对跌落和巨大噪声存在天生的恐惧吗），我们就知道，这事还有希望。为什么这是个好消息呢？因为你既然可以学会恐惧，那么也可以学会摆脱恐惧。

当然，你在演讲前感到焦虑是非常正常的。为了赢得观众，我们常常会坦率地告诉观众，我们感到焦虑、疲惫或者没有准备好（提前致歉），但这样也会带来问题。他们其实并不知道你到底感觉如何，或者准备是否充分，为什么你要主动让他们去寻找这些不佳表现呢？

优秀的说服者起初或许有点儿紧张，但他们会将紧张感转化为力量。下面是一些优秀的说服者经常采用的方法：

做伸展运动	听令人放松的音乐
静静冥想	轻快地踱步
调整呼吸	想象成功的场景
进行预演	离开那个国家（玩笑）

当你不断提升演讲技能时，它会让你离开你的舒适区，一开始会带来一些不适感。但当你掌握了越来越多的技能，信心不断提升时，你就会变得越来越舒适，这也会体现在成绩上。你开始掌握这些技巧后，就会眼看着你的说服能力达到更高的水平。

另一个你可以直接控制的因素是你在交流开始前对物理环境的掌控。你可以选择你在哪里演讲，或者对他人选择的环境进行调整。演讲者常常会忽视这些细节，但其实外部环境对听众接收信息的程度是有影响的。以下是一些很容易调整的环境因素：

光线	听众数量
通风情况	入口与出口
一天中的时间点	听众的预期
座椅摆放方式	干扰因素

做好充分准备

我们已经讨论过可能在交流中出现的重要问题，得知了交流中的许多禁区。现在，让我们看看应该做些什么。展示和沟通的优秀案例中有哪些共性呢？不管你是一对一与他人交流，还是与人通话，或者是对着一屋子听众进行演讲，你都应该做到：

> 一定要慎言，因为你的话语和影响会在他人的头脑中植下成功或失败的种子。
>
> ——拿破仑·希尔

陈述完整　　　　　　　　　对下一步行动提出建议

预测听众的问题和顾虑　　　鼓励听众采取行动

避免干扰性仪态和动作　　　抓住听众注意力

表达清晰、简洁　　　　　　表达流畅

体现价值观　　　　　　　　借助视觉工具

激发兴趣　　　　　　　　　有条理

避免口齿不清和语气词　　　充满激情

另一个你能够直接控制的部分是遣词造句，通过这种方式，你可以让你的演讲很好地与听众产生共鸣。关键的是，你要确保听众相信你将与他们分享一些有意义、有价值的内容。为了做到这一点，你必须回答听众三个最迫切的问题：

1. 我为什么要关心这一点？

2. 它对我有何好处？

3. 它会满足我的需求吗？

你的听众需要一个倾听你演讲的理由，而你提供的这些问题的答案正好给他们这个理由。这个策略通常会导致下列问题：你目前面对的听众的需求和渴望是什么？他们希望听到些什么？我如何为他们量身定做适合他们的信息？要想回答这些问题，你必须透彻地了解和读懂你的听众。显然，大规模的听众群体会展现出很多不同的个性特点，试着找出他们的共性感受和背景。将听众聚集在一起的共同主题是什么呢？

听众类型

通过对优秀说服者的观察，我们发现，你必须理解如何与不同类型的听众打交道，理解他们从何而来。下面是说服者可能遇到的听众类型。

充满敌意者

这类人会公开反对你的观点，甚至会出言反驳你。面对这样的人时，你可以使用下面这些方法：

■ 先和他们找到一些共识

■ 不要一开始就攻击他们的立场

■ 注意力集中在你自己的可信度上

■ 向他们展示你对他们的观点有事先了解

■ 尊重他们的感受、价值和信仰

■ 倾听他们的声音

漠不关心者

这类人能够理解你的立场，但是并不关心结果。与这类人打交道的关键是创造出动力和能量。换句话说，就是要造成互动。说服漠不关心者的技巧包括下列几点：

■ 说出你的观点对他们而言的价值，解答"这件事对我有什么好处"的问题

■ 结合鼓舞和绝望两种方式进行激励

■ 用生动的实例抓住他们的注意力

■ 让他们感受到你的议题与他们密切相关

■ 避免使用复杂的、难以理解的阐述方式

■ 充满激情

信息闭塞者

这类人缺乏能让你说服他们的信息基础。想要说服信息闭塞者，你应该使用下列技巧：

■ 鼓励他们提问

■ 使用简单、直白的事实说话

■ 确保提供有趣的信息，让听众保持兴趣

■ 使用例子和简单的数据

■ 引用会令他们肃然起敬的专家的话

■ 确保他们能明白你在说什么

立场相近者

与你立场相近的人从一开始就同意你的观点。你可能会认为说服这样的人是相对容易的，但是请记住，你的目标是让他们采取行动，而不是仅仅得到他们的支持和认同。对与你立场相近的人，你应该使用下列技巧：

■ 激发他们的活力和热情

■ 提醒他们为未来各种情况做足准备

■ 鼓励他们采取行动

■ 提升他们的自尊

■ 使用奖励的方法

■ 让他们发现自己的责任所在

当对人数众多的一群听众演讲时，你会发现这四种类型的人都存在。在与一群陌生听众打交道时 —— 不论是一个还是一百个 —— 都要找到占主导的观众类型，相应地调整你的表达方式。

支撑你要传达的信息

在准备演讲时，确保使用多种方式来支撑和强调你要传达的信息。优秀的说服者会借助那些能够清晰、简洁、高效地传达他们观点的演讲工具。视觉工具可以提升你的演讲效果，也会帮助你抓住人们的注意力，但过度的视觉信息又会让听众分神。关键是找到两者间的平衡点。当我们想到视觉工具时，我们会想到图表、统计表格、图片或 PPT 等普通工具。在你的演讲过程中，你也可以使用纸质材料、视频短片甚至与你演讲有关的实物。

我们发现，很多听众不喜欢演讲者使用 PPT。他们认为使用这种方式的演讲者会偷懒照着屏幕朗读。他们还会认为你使用 PPT 是为了向他们展示你制作文稿的能力，同时还会在让信息滑来滑去的过程中制造不少讨厌的噪声。信息的洪流有时让听众感到疲惫不堪。

事实是，一般的演讲者使用 PPT，是为了掩盖他们演讲水平和信心的不足。当然，PPT 是一件非常优秀的工具，但你必须理解，你不是电脑程序，而是一个活生生的演讲者和展示者。我在采访听众后发现，PPT 常常会消耗听众的精力，并会破坏演讲的自然流畅、激情和自信度。如果想成为一个成功的说服者，你必须相信自己，而不是躲在 PPT 后面，让它成为交流信息的主要来源，自己却成为交流信息的次要来源。你把演讲的控制权完全交给机器后，演讲者就成了机器，其鲜活的个性便会被掩盖。我使用 PPT 的原则是：（1）如果演讲在一个小时以下，根本不使用 PPT；（2）当你使用 PPT 时，不要在每页停留超过 2 分钟。

　　视觉工具是非常有效的说服工具，因为它们能刺激视觉。多数人是视觉导向的，但是声音、味道、触觉以及味觉是不应该被忽视的。一个说服者也需要学习整合所有这些感官来提升听众的心理投入程度。你能调动的感官越多，效果会越好。将听觉、视觉以及动觉方面的工具相结合，可以极大地提高听众的理解力和关注度。一个通用的规则是，你的演讲越短，你使用的工具就应该越少、越简单。

关键不是说什么，而是如何说

　　我们选择的措辞及其使用方法会极大地影响观众看待我们的方式。不同的词对不同的人有着不同的含义。事实上，你很难找到一个完全中性的词。正确的词语是富有魔力的，错误的词语却是灾难性的，无效的词语则晦暗、陌生、令人厌恶。无数研究表明，语言组织能力强的人更容易获得信任，并会让人们感觉更有能力。演讲者如果犹豫不决，使用错误的词语，或者磕磕巴巴，就会给人留下不值得信任的印象，让人感觉能力弱、效率低。

　　成功的说服者还有一种提高信息感染力的方法，就是使用生动的描述性语言。假设你站在一间充满阳光的美丽厨房里，伸手去拿了一个颜色鲜亮、汁液丰富的柠檬。你能够感觉到柠檬沉甸甸的，水分很足。你摩擦柠檬的表皮时，能够闻到浓郁的柠檬香气。你拿出一把水果刀，把柠檬切成两半。其中一半在你手上留下了鲜亮、浓稠的柠檬汁。你把半个柠檬拿到嘴边咬了一小口。当你的牙齿碰到果肉时，你感到汁液一下子喷到你的牙齿和舌头上。柠檬汁真酸啊！你嚼了嚼柠檬，把汁咽了下去。

　　读到这里，你会不会满嘴口水？我相信几乎每个人都会的。令人惊讶的是，我如果只是告诉你要流出唾液，其实一点儿用也不会有。生动的描述和画面之所以如此强大、有效，是因为我们的潜意识分辨

不出哪些是真实的，哪些是想象出来的。你可以运用这个事实让你的
听众看到、听到、感觉到、体验到你正在描述的内容。

我将选择合适的词称为"语言包装"。关键不是你说什么，而
是你如何说。

错误的词	正确的词
账单	费用清单
推销员	销售代表
价格	投入
昂贵	顶级
便宜	优惠
问题	挑战
推销	展示

一家能源公司想向客户销售一种绝缘材料，于是学习用生动的语
言来加强想要传达的信息。这家公司让审计员告诉业主，哪些地方浪
费了能源，并为他们提供廉价、高效、节能的方案。尽管长期看来这
个计划确实省钱，但仅有 15% 的业主在听过审计员的建议后购买了
产品。这家能源公司向两名心理学家请教，如何可以更好地向业主销
售这种家用绝缘材料。他们随后调
整了策略，向业主生动地描述了使
用这种材料前低效的情形。他们在
第二次审计会上告诉业主，那些看
起来不起眼的小漏洞加起来有一个
篮球那么大。这次，有 61% 的业主
接受了改进方案。

> 谈论牛和在斗牛场
> 上面对牛是两回事。
> ——西班牙谚语

在措辞时，要避免使用听众不熟悉和难以理解的术语或者行话。为了实现最大的效果，你提供给听众的信息必须是易懂、易记、易用的。

修饰你的信息

与听众交流的前 30 秒是至关重要的。你如何开始呢？优秀的说服者会设计和修饰他们的信息。不要想着临场发挥。观众会根据你的开场方式形成和固化对你的印象。你的开场或介绍不应该超过整个演讲的十分之一。这样设计可以让你有效地分配时间，并让你确定要说什么和如何去说。

不要再使用"今天的主题是……"或者"我要讲的内容是……"甚至更差的"今天我被派来讲关于……的内容"这样的话了。在准备你的开场白时，请想象你如何能够一下子抓住听众的注意力，让他们竖起耳朵来。下面是一些有效的方法：

- 利用适量幽默
- 提出一个发人深省的问题
- 展示一个令人震惊的事实或数据
- 讲述个人案例
- 分享一句名言

当你的演讲从开头过渡到主体时，记住 TESS 这个缩写是很有用的。它代表的是声明（testimonial）、例子（example）、数据（statistic）和故事（story）。顶尖的说服者会综合使用这些元素来丰富一场演讲。我们的研究表明，在面对听众进行演讲时，每个元素所激发听众的共鸣是不同的，数据如下：

声明	12%	例子	23%
数据	18%	故事	47%

声明指的是说服者提出的、他们相信的某种说法或论点。在演讲中，声明可以是自己原创的，也可以引自第三方。声明是社会信任和

认可的来源——如果其他人相信某件事，人们也倾向于相信它。优秀的说服者知道在可信度不够时该如何利用声明的力量。确保你的证据是可信、中立的，与听众的层次相匹配。

例子可以对你的观点进行展示或描述。比起罗列出一堆数据，巧用例子可以让你的观点鲜活起来。例子可以突出你的观点，使其在听众的大脑中变得生动和真实。你可以从研究案例中寻找例子，也可以从读过的文章中寻找例子——还可以提供个人的趣事。

比喻是另一种生动地表达观点的方法。比喻非常有效，因为它可以依靠图像化的语言将目标和观点联系起来。在口语中，我们平均每分钟要使用大约 6 个比喻。下面是我们常见且熟悉的一些比喻：

人生的四季	你的爱如同海洋
钱把他的口袋烧了个洞	生命是一次旅程
岁月是个小偷	硬得像块石头
眼睛是心灵的窗户	

鉴于如今的听众对数据越来越不信任，我建议在使用数据时尽量节制。因为大家都知道，你只要想证明一个论点，总能找到支持它的数据，但你的听众需要的是可靠的数据。符合逻辑的数据在说服时具有强大的力量。听众中喜欢分析的那些人会格外希望你提供数据，他们也会希望得知数据来源。大部分数据需要你进行一些解释，最好是借助视觉工具。

TESS 中最强大的一个元素就是故事了。故事既能吸引听众的注意力，又可以帮助他们理解和赞同你的信息。我相信你随口就能说出一次你坐在观众席上却没有注意听演讲内容的经历，当时你可能正沉浸在自己的世界当中。可是突然间，有什么会让你竖起耳朵开始听，原来是演讲者开始讲故事了。我们当听到故事时，会自动关注起演讲来，想知道发生了什么。

优秀的说服者都是善于讲故事的人。当你理解故事的关键元素并知道如何利用它们时，你就能够触及人们的心灵。正因为你没有机会与听众中的每个人做一对一的交流，与每个人建立起信任和亲密的关系，讲故事可以告诉听众你是谁，你代表什么。你希望听众认为你是有趣、诚恳、踏实的人吗？首先确定你想表达的观点，然后选择相应的故事。当一个人开始投入情感，他会更容易接受你和你的信息。如果你能找到和建立与听众的更多共同点，那么听众就更容易听进并接受你所说的内容。

人们更看重自己得出的结论，而不是你给出的，如果你能把你讲述的故事变成他们自己的，那么你将具有更强的说服力。作为人类，我们更容易受到会给我们答案的事情的吸引。利用故事，帮助听众回答他们心中的问题。如果你可以成功做到这一点，你的信息会在听众的心中生根发芽。如果听完你的演讲，听众什么也记不住，至少他们可以记住你讲的故事及其代表的含义，这些信息会在听众脑中不断回放。

现在，你的结论是什么呢？你的目标是成为一个让听众能记住你的结论的说服者。如果你的开头占到整场演讲的 10%，那么你的结论应该只占整场演讲的 5%。因为你一直在说服，你应该用 5% 的时间来总结一下。你的结论应该是对主要观点的简要、清晰、明确的总结。

在得出结论之后，你应该进一步鼓励听众采取行动。让行动的倡议简短、有力、直指人心。把结论和行动倡议作为最后的重拳一击，这正是你最想让听众记住的内容。因为你花费了很多时间准备，你得出的结论应该做到强大、有力。

优秀说服者的演讲风格

现在你了解了演讲开头、主体以及结尾的要点，我想再讲讲优秀说服者说话风格的一些特点。我们常常忽略这些因素，但它们恰恰是很重要的。

语速不要太快。我们常常想迅速结束演讲，尤其是在紧张时。显而易见的是，如果你的听众没能理解你，那么你与他们的交流就是失败的。说得太快会让人感觉你紧张不安。从另一方面讲，语速太慢也不是个好主意，会让人觉得你懒洋洋的。让你说话的节奏自然、有力，让信息有序传达。

另一个重要的因素是音量。我们都有过听人说话十分费力的经历。要确保听众可以轻松听清你的声音，尤其是在没有麦克风的时候。

要注意停顿和沉默的影响，这些空白之处会为你的信息增添意义。恰到好处的沉默比滔滔不绝的话更有力，因此这个技巧具有强大的影响力。然而，也不要过度利用停顿或者沉默，这会让它们失去有效性。除了对关键信息起到强调作用之外，停顿也会增添听众对信息的理解。你在讲述故事的过程中略有停顿，会给听众一刻回顾的时间，帮助听众更好地在心理和情感上理解你的信息。不管你留出的停顿是为了给听众思索还是开怀大笑的时间，它们都会让听众在更深的层次上理解你讲述的故事。

在演讲过程中，要谨慎使用手势。虽然手势有自由表现的空间，但通用准则是，演讲新手应该提前设计自己的手势。所有手势都应该与故事相匹配，而不该是看起来笨拙或生拼硬凑的。不要过度使用手势，而要在必要时使用手势来集中听众的注意力，为你讲的故事增添戏剧性，强调你想表达的观点。此时应该把身体想象成与你的声音一起讲述故事的道具。最重要的是，你的手势一定要非常自然。在演讲的过程中千万不要像机器人一样。

管理预期

优秀的说服者懂得如何管理自己的预期。一般来说，人们习惯按照他人对自己的期待行事，无论那些期待是积极的还是消极的。当我们知道他人对我们有所期待时，我们会努力满足他们，以获得尊敬或喜爱。

我们可以通过很多种方式讨论我们的预期，比如语言、声音或身体语言。想一想你被介绍给他人时的场景。通常，如果对方只使用名字，你也会只使用名字。如果对方使用姓氏加名字，你也会这样做。不管能否意识到，你也会接收他人的信号，并根据对方的预期做出相应的行动。

你是否注意到，你的预期是如何在你的个人生活中变为现实的呢？预期是一种自我实现式的预言。我们在意识和潜意识层面成了自己预期的奴隶。在商业世界中，我们总会看到这一点。比如，当一个电子产品的销售员说"你一定会喜欢这台电视的，它会让你像在现场一样看比赛"，他把焦点从销售转移到了一个让你感到兴奋的场景上。他这样说就像是交易已经达成了一样，因为你不买就看不到节目。但事实是，他越这样表现，事实就越会朝着这个方向发展。

我很喜欢看上门推销员利用人们的预期。他们走到一扇门前，按下门铃，脸上挂着大大的笑容，告诉听众说有一个展示他们一定要看。当然，他们在使用这个策略的同时也把鞋子在地垫上擦得干干净净，准备被主人迎进屋子。当看到这个技巧屡试不爽时，你应该会感到很惊奇。你看到说服者递来一支笔，期待你签署合同。你是否有过这种经历：在离开一家商店却什么也没有买时，感到了遗憾？你为什么会有这种感觉呢？因为商店都是经过精心设计的，会给你一种压迫感（往往是以微小的、难以察觉的方式），会让你产生自己要买些什么的预期。

制造神秘感和悬念

利用神秘感和悬念是另一种加强交流的方式。优秀的说服者能够让听众听得离开椅子，想知道更多。当我们听到关键处，却出现了悬念，我们会迫不及待想知道下文。我们希望知道故事的结局。这种情况也被称为"蔡格尼克记忆效应"。它指的是与已完成的事情比较，我们对未完成的概念、想法或任务印象更深刻。

在电视新闻或者其他节目中，我们会一直看到蔡格尼克记忆效应的实例。在广告之前，主持人会预告说，广告之后的故事更精彩。这个信息会挑起你的兴趣，你会继续看那个台，而不是换台。电影和电视剧也会为你留下悬念。在广告之前留下悬念的节目会吸引我们的注意力，让我们保持投入，吸引我们继续看下去。人性使然，我们只有看到剧终、结局或者解决方案才会松口气，感到满意。

优秀的电话说服技巧

电话交流对说服者提出了特殊的挑战。我们通过电话留下的第一印象与面对面交流时留下的第一印象是同等重要的，但通过电话交流最大的挑战是，接电话者看不到你的表情和身体语言，感知不到你的整体存在。他们完全是通过电话中的一切信息对你进行评判的。

面对面交流通常是提前计划和安排好的，而电话交流则通常会被接电话者视为一种打扰。令人吃惊的是，为数众多的公司仍然使用自动语音系统，这引起了人们最大的不满：与他们对话的不是真人（位居其次的不满是，他们在通话时会被踢给一个接一个的客服人员）。你可以直接问你的听众，此刻是不是与他们通话的最佳时间。你并非要赶着完成你的日程，你需要考虑听众的时间安排。否则，你就会像一只令人讨厌的害虫一样，成为不受欢迎的人。

当说服者与听众通过电话联系时，听众都会产生哪些不满呢？

■ 来电者急于说完写好的稿子，不想被打断

■ 来电者说话杂乱无章，没有重点

■ 随意的问候让他们感到冒犯

■ 他们不喜欢来电者的声音

■ 来电者说的话很难懂

■ 通话十分仓促、草率

■ 来电者没有认真听他们说话

■ 来电者缺乏同理心

■ 来电者看轻了他们的智商

优秀的说服者则会有下列举动：

■ 在打电话之前就做好准备

■ 明确打电话的目的和想实现的结果

■ 在通话过程中面带微笑（是的，你可以听出他们的表情）

■ 有礼貌

■ 关注听众的需求和渴望

■ 会恰如其分地使用幽默

■ 会使用"请""谢谢""不客气"等表达

■ 会在二十四小时内做电话回访

■ 会以积极的信号结束对话

■ 表达简洁，开门见山

■ 从来不问"您今天好吗"这种被电话营销用滥的话术

■ 较早且频繁向听众传达关键信息

■ 展示出真诚和同理心

■ 具备良好的倾听技巧

■ 通过提问的方式控制对话

■ 会在留言机上留下清晰的信息，给听众回电的理由

最佳通话方式

- [ ] 少说话，多倾听
- [ ] 不要大声说话——话筒离嘴至少 3 厘米
- [ ] 调整说话的速度——不要太快，也不要太慢
- [ ] 让你的听众知道你在倾听（比如使用"嗯""是的"等）
- [ ] 不要强迫你的听众费力去听
- [ ] 调整你的语调——不要用同一种语调说话

掌握展示的技巧

不掌握这一章讲授的技巧，就像是跟家人开车出去旅行，车上却没有 CD、DVD、收音机，或者没有空调、暖气一样。我相信，没有这些便利条件，你也可以坚持八个小时，但在一个小时以后，车上一定会有人不高兴。这些技巧非常重要。你要不断打磨你的沟通技巧，说服力才会达到炉火纯青的境地。

每天，你都会打电话或做展示，或者两者都做，不管是面对一群人还是一个人。你要确保自己不把全部时间花在准备内容上，更不要把任何时间浪费在传达方式上。就算你拥有非常完美的资料，如果表达方式不佳，也不会有任何作用。你不仅要精心准备说的内容，更要精心准备说的方式，这对确保你的说服力而言是至关重要的。要在脑中牢牢记住，相对内容而言，观众会更深刻地记住你是如何表达内容的。他们要先评价你，然后才会评价你的内容。不幸的是，多数说服者从没接受过沟通和展示技巧方面的训练。如果你是其中一员，现在就是你掌握这些宝贵、永恒、无价的技能的时刻了。

披着狮子皮的驴

一头驴披着狮子皮，对着丛林吼叫，通过吓唬路过的动物们

取乐。见到一只狐狸时，他也想吓唬狐狸。但是狐狸一听到是驴的声音就说："要不是听到你的声音，我还真会被吓到呢。"

寓意：外表或许可以欺骗听众一时，但语言和表达还是会让你露馅儿。

第十一章

说服力技能 9

提前管理预期

　　成功的说服者的一大特点是，他们每次都会提前做好准备。我们常常想当然地认为自己临场发挥效果也不错，或者只是被动等待，看会发生什么。为什么不呢？我们以前就这么做过。我们希望我们的交流看起来是自然、流畅的，而不是经过机械准备的。然而，提前花时间针对可能出现的问题和担忧认真准备对说服者而言有很大好处。这样一来，说服者会做出更具说服力的演讲，正是因为准备让他们更有信心。当我们毫无准备，或者只是为做而做、走走过场时，我们会变得没那么自信。我们的听众立即就会捕捉到这一点。如果你没有信心，听众也不会对你抱有任何信心。

　　或许最有用的准备步骤就是先充分了解你的听众，充分掌握你要传达的信息。优秀的说服者每次都会做好充分准备，即便有些信息他们已经讲过千百遍了。他们会考虑到可能出现的各种情况以及潜在的障碍。

充分了解你要表达的信息

　　你准备表达的信息是什么？你要分享的信息会给他人的生活带来什么变化？你的目标是什么？你最希望实现的是什么？你需要有全局观念，同时还要做到关注细节。你对你的产品、服务或概念如何服务客户是否有清晰的理解？你对你的产品是否完全熟悉，对其优缺点是否完全了解，是否知道你的产品如何在竞争中取胜？使用下面这个根据优秀说服者经验总结的清单，它可以帮助你准备和打磨你要表达的信息：

- 我想实现的目标是什么？
- 如何保证我表达的信息足够清晰？
- 如果我把要表达的信息总结为三点，具体都是什么？
- 如何展示我的专业性？
- 如何能够提升听众对我的信赖？
- 别人为什么要关注我要表达的内容？
- 听众会因为哪些情感原因来回应我？
- 听众会因为哪些理性原因来回应我？
- 我号召听众采取行动的方式是怎样的？
- 除了最初的提案外，我是否还有其他替代方案？
- 我的方案是否有潜在的缺陷？
- 我最可能遇到的质疑或阻碍是什么？举出五个。我又将如何回应？
- 我应该收集听众的哪些信息？又应该收集对手的哪些信息？
- 我是否带有产品小样、宣传册、下单表格以及产品目录？
- 我是否有附加奖励或激励政策可成为撒手锏？
- 我是否有塑造产品、服务或概念的价值的其他方法？
- 如何才能使听众真正投入我的演讲当中？
- 与竞争对手相比，我又能提供什么与众不同的价值？

充分了解听众

了解听众的背景和他们的需求非常重要。他们真正想知道的是什么？他们在寻找什么？为填补他们所想和所需之间的空白，你能做些什么？重要的是，你既能够了解听众作为群体中一员的特点，又能够深入其内心，了解其作为个人的特点。下面是听众在听你演讲的过程中可能问自己的一些问题——你在准备过程中也应该考虑一下这些问题：

■ 我为什么需要这件东西？

■ 我听完这次演讲会怎样？不听又会怎样？

■ 我的选择有哪些？

■ 这件东西将如何改善 / 改变我的人生？

■ 我还有其他方式可以满足这个需求吗？

■ 我将付出什么代价？

■ 我如何做出最终决定？

■ 我的配偶或朋友知道后会怎么说？

> 你只有站在他人的角度思考问题，才有可能真正理解对方。
>
> ——美国作家哈珀·李（Harper Lee）

你在准备过程中应该问问自己以下关于听众的问题：

■ 我想说服的是什么人？

■ 是什么共同认识或共同利益把他们带到一起的？

■ 他们作为个体是什么样子的（商人、学生、母亲等）？

■ 我能提出哪些他们共同关心和理解的话题？

■ 他们想从我的信息中得到什么？

■ 对于我的主要观点，他们是同意、反对还是无所谓？

■ 我需要了解他们的政治立场、宗教信仰、职业以及其他相关信息吗？

■ 他们的平均受教育水平和收入水平如何？

■ 他们的年龄范围？

■ 他们的人生观是更保守还是更自由？

■ 他们很随和还是要求很高？

■ 我能让他们集中注意力多久？可用的时间有多少？

■ 我能提供的内容适合他们吗？

■ 听众面对的最大挑战是什么？我能帮助解决吗？

充分了解数据

我们常常听优秀的说服者说："最后还是要看数据。"当然，作为一个强大的说服者，你不会忘记那些数据都代表什么：他们是有着梦想、激情、希望、恐惧和担忧的活生生的人类。

为什么对数据的了解对你的准备工作至关重要呢？原因有很多。你必须面对多少人进行营销，你最终能够对话的有多少人，他们其中又有多少人会成为你的客户？在销售行业，这被称为"转化率"。比如，我们假设你应该至少让 60 个听众成为你的客户——这是你的底线。那么你需要进行多少次面对面的对话（或电话联系，只要是适合你情况的方式）来产生这 60 名黄金客户？在何地，对何人，如何进行营销？是通过网络、电话、讲座和工坊，做分类广告，还是在电视或者电台打广告？或者用你感到更舒适的方式，是否简单到挨家挨户发广告、邮件，或者用更简单的方式，一张嘴搞定一切？你习惯的方式能够如何系统化？

对这些心中有数，会让你知道该在哪里以及如何投入你的精力。这种方式可以将猜测转化为精确的数据，可以让原本漫无目的的努力变得系统化。明确这些数据可以给你一个清晰的起点，一个明确的终点，以及中间的关键步骤。此外，掌握这些数据可以让你看到自己进步和改善的情况。

说起对数据的了解，你会发现，一个糟糕的说服者如果掌握了数据，会比一个不做准备的普通的说服者更具说服力。这证明了那句经典的话"机遇是留给有准备的人的"。商机并不总会由那些最应该获得它或者最优秀的人获得，而会由那些有着设计良好的规划并能够稳妥、有序地执行的人获得。他们不仅设定了清晰、具体的目标，还制订了详细的行动计划，而这正是很多说服者在准备过程中缺失的部分。我们都听过这个建议，也知道它听起来很合理，但我们中多数人很少在这方面有所行动。

掌握数据对你的成功至关重要的另一个原因是，在你遇到困难时，数据可以让你保持前进的动力。多数人太早放弃了。现实是：如果遇到困难的说服者掌握了数据，他们会知道，很多时候，再坚持一下就可以成功。无数项研究都展示了这样的数据，即便在具体发现中略有不同（他们问了不同群体不同问题），但趋势大体如此：

■ 40% 的说服者承认他们没有每周建立新的人际联系

■ 48% 的人在联系一次后就放弃了

■ 73% 的人在再次尝试后放弃

■ 85% 的人在第三次尝试后放弃

■ 90% 的人在第四次尝试后放弃

■ 在第四次尝试后依然坚持下来的 10% 的人最终得到了 80% 的生意

让我们再次重复最后的发现：在第四次尝试之后依然坚持下来的 10% 的人最终得到了 80% 的生意。坚持下去！

设定目标

有了对信息、听众以及有关数据的全面、清晰的理解，你可以设置一些相对具体的目标。很多人不喜欢设置目标的概念。事实上，很多人听到"目标"这个词都会马上退缩。然而我保证，如果你问那些成功的说服者是否设定了目标，他们不仅一定会给你肯定的答复，而且会按照优先顺序清楚地告诉你这些目标都有什么，包括长期和短期目标。而且，他们还会把这些内容列成表。毫无疑问：设定目标是有用的。对严肃的说服者来说，设定目标也是一件严肃的事。优秀的说服者知道，如果你没有目标，就不要谈达成目标了。关键是，你必须去定义你的目标是什么——以今天、下周、下个月和明年为限。而且，你应该列出实现这些目标的具体手段。

这个不断细化目标的过程需要条理。当你能够将条理化的思维转化为条理化的生活时，你会发现你能够让你的系统像流水线一样运转起来。你的工作空间是什么样子的？是否需要清理？我知道一些人的办公桌并不整洁，但他们依然知道每件东西的具体位置。我并不是说保持工作空间整洁乃至一尘不染是工作高效的前提，但你必须清楚哪种模式对你最有效。你应该问问自己下列问题：

1. 我能找到它吗？
2. 我要花多长时间才能找到它？
3. 有没有更好的、更有效的组织方式？
4. 邋遢的外表和工作环境是否会让别人对我失去信任？
5. 是否有新的技术或软件可以帮助我简化工作任务，提高工作效率？
6. 是否有什么事是我可以委派给下属做的？

管理你的时间

当然，如果我们讨论的是如何做好准备，以目标为导向，有条理地工作，我们不可避免要讨论高效的时间管理方法。我知道，你会觉得你已经看过太多关于这个话题的讨论了。但在你跳过这一节以前，考虑一下这个问题：你希望工作负担更轻吗？多数人的回答是肯定的。一个非常重要的小细节往往会被忽略，那就是高效管理时间的方法实际上会让你的工作负担更轻。

这对说服来说是一样的——优秀的说服者事半功倍，而一般的说服者事倍功半。这应了那个古老的"二八定律"——最成功的人只需付出 20% 的努力就可以获得 80% 的成绩，而效率较低的人付出 80% 的努力却只得到了 20% 的回报。听起来很不公平是吗？让我带你进入那个用 20% 工作换取 80% 回报的世界中去。优秀的说服者能够认识到，时间比金钱更重要。他们知道金钱是可以积累的，而时间不能。因此他们会研究如何更好地利用时间，而不会把时间浪费在无关紧要的事情上。他们的每一份精力都会被分配到效能最大的地方。事实就是那样简单，甚至都无关智商。我们只需要理解这其中的逻辑，做到事事有条理。

你是否意识到，多数说服者最多只有半天时间是有工作效率的？我们假设每天浪费的时间共计 2 个小时（研究发现，多数人浪费得更多）。一周 5 个工作日，每天浪费 2 个小时，一个月共计 40 个小时——基本是一个完整的工作周了。

> 每件事情都是你决定去做的，没有什么事情是你不得不做的。
>
> ——美国成功学家
> 丹尼斯·威特利
> （Denis Waitley）

我曾经在前文里提到，成功的说服者会把目标写下来。这对卓越的时间管理者也是一样的，因为他们的日常工作就是他们的短期目标。不需要很长时间，这些短期目标就会累积起来，对我们能否实现大目标产生巨大的影响。在努力完善你的时间管理计划时，你最好把日程和计划写下来。这并不意味着你是一个刻板、拘谨的人，而是在给你一种引导。很多时候，我们会浪费时间，是因为我们在那段时间里无事可做。如果你不对整块时间进行安排和规划，它依然会被填满，有时甚至是被毫无意义的事情填满。

优秀的说服者会以写在纸上的计划开始新的一天。说服力研究院的研究表明，仅有 2.9% 的说服者能够管理时间，而仅有不到三分之一的人会提前计划第二天的安排。这意味着我们有很大的空间来提升对时间的控制和安排。好消息是，当你变得更有条理，你的工作负担会更少，而收获会更多。

在前一天晚上或者当天早上把计划和目标写在纸上。将你人生中最重要的事情纳入清单。下面是你在考虑如何安排时间时应该思考的问题：

■ 一天中时间的最佳配置是怎样的？

■ 一天中的哪段时间应该预留给最难的任务？

■ 我应该先做简单、有趣的事情吗？

■ 我是不是把重要的时间花在不重要的事情上了？

■ 我是不是把繁忙和高效混为一谈了？

■ 我知道任务优先级如何吗？我对时间的实际利用是否体现了这一点？

■ 我清楚自己想要达成的目标吗？

■ 我可以从我的人生中删除哪些不必要的内容？

■ 我的日常活动中有什么是多余的吗？

说服力研究院有以下发现：

　4% 的说服者有着完美的客户发展计划

　11% 的说服者每周都花时间去寻找更多的客户

　12% 的说服者在每次访问后都会让客户进行推荐（他们的大多数生意是通过推荐得到的）

　81% 的普通说服者每周花在发展新客户上的时间少于 5 个小时

我们每天拥有的时间都是一样多的。改进时间使用方法的第一步，是首先弄清楚目前你的时间是如何利用的。我们的研究表明，我们一天中 57% 的时间都投入了不会带来经济收入的工作（比如通勤、文书工作、等待和闲聊等）。当然，这些工作都是必要的，但顶尖的说服者会最大化创收时间，限制这些工作的时长或委派他人去做。

一旦你清楚自己现在的水平，你就可以确定哪些改进是必要的。对两者——你目前的方式与理想中的方式——进行比较，能够帮助你评估你需要在哪些方面进行调整。你可以使用他人的成功案例作为自己走向成功的榜样。下面是一些成功的说服者拥有的管理技巧。你可以参考一下，看看可以把哪些技能或技巧加入你的工具箱：

- 对相似的工作进行分组或者分批处理
- 监控干扰因素
- 多任务处理
- 设定截止日期和奖励
- 将睡眠限定在必要范围内（不贪睡）
- 锻炼
- 规划所有活动和事件，包括闲聊和休息时间
- 利用科技手段自动处理你的联系人、邮件和记录系统

避免拖延

谈时间管理时，我们一定会谈到拖延症。为什么拖延症如此盛行？我们都知道，拖延对我们有害无利，甚至会对我们人生中最好的方面造成灾难性的影响。把事情拖到最后一分钟才做从来不会让我们得到最佳结果，优秀的说服者没有时间去拖延。

拖延有很多心理原因，第一个就是对失败或拒绝的恐惧。我们害怕时，常常会表现出回避、勉强、冷漠或者找借口的反应。

拖延还有其他原因吗？另一个比较主要的原因是犹豫不决。我们害怕出错或做出错误决定。我们常常把人生看成非黑即白、非好即坏，但我们必须放弃这种粗暴的分类倾向，意识到人生并非如此。经常有很多种方式可以实现同一个目标，同一个问题也常常会有很多正确答案。成功的说服者都是优秀的决策者，他们会迅速采取行动，做出决策，而不是一再推迟。

有时候我们拖延是因为过于疲惫或者缺乏精力，有时候是因为我们的目标不够远大，让我们对它失去了热情。相反的情况也会出现，如果目标太过宏大，让我们感到压力过大，我们也会止步不前。当你感到崩溃时，应对秘诀是把工作任务划分成可控、可操作的小任务。另一个导致拖延的原因是缺乏知识或追求知识的动力。

这些原因其实更应该被称为"借口"。我们没有任何理由拖延一项重要工作。正如美国前总统西奥多·罗斯福（Theodore Roosevelt）所说："在需要做出决定的时刻，你能做到的最好的事是正确的事，其次是错误的事，而最差的事是什么都不做。"

不论问题的根源到底是什么 —— 是恐惧、犹豫、冷漠、知识匮乏还是其他什么原因 —— 人们通常会用四种借口来证明他们的拖延是合理的。

1. 完美主义。当人们坚持所有事情都必须做到完美无缺，所有环节都必须到位后才能采取下一步行动时，他们就有了第一个借口。这些人是你印象中典型的完美主义者。在需要进行商业对话或与潜在客户交流时，他们总有什么事还没做或者需要调整。

2. 悲观主义。导致拖延的第二个原因是悲观主义 —— 永远看到最差的情况和所有不该行动的原因。他们总能为不去做事找到一堆借口，却提不出什么正经原因。这些人的时间都花在对未来的担忧和消极的预测上了。

3. 想做好好先生。第三个导致拖延的原因是想做好好先生的心态。一些人总是害怕自己会不会看起来过度强势，对人指手画脚，令人讨厌。他们会避免去做一切招致他人反感的事情。

4. 可信度。最后一类借口制造者是那些假专家。假专家害怕被人发现他们事实上只是假装拥有一些技能，这样一来他们会失去可信度。他们希望被远距离仰视和尊敬，一旦让他们真正展示他们声称拥有的知识和能力，他们就会感到十分恐惧和害怕。这样一来，他们会被强迫真正动手去做一些工作。他们还是希望逃避职责。

知道一些深层次原因是很有用的，但你也可以从更基础的角度去看待拖延。你可以从很多表面迹象判断你是否在跟一个拖延症患者打交道（或者自己就是一个）。根据心理学教授约瑟夫·费拉里（Joseph Ferrari）的研究，一个拖延症患者会有以下表现：

1. 高估可供完成工作的剩余时间

2. 低估完成工作需要的时间

3. 高估他们会在明天、下周、下个月去做他们已经在拖延的事情的动力

4. 错误地认为工作必须得等他们愿意去做时才能完成

5. 错误地认为心不在焉时工作效果不佳

减少常用的借口

说服力研究院发现了下面这些阻碍你完成工作的常用借口。是不是听起来很熟悉？

- 我太忙了，没时间去做……
- 他们不会再接我电话了。
- 我不想看起来太强势。
- 如果他们不感兴趣，怎么办？

■ 他们总是情绪不佳。

■ 我得先把文书工作做完。

■ 在开始之前我需要先喝点儿咖啡。

■ 现在是午饭时间，没人会来。

■ 我留言了。他们会回电话的。

■ 我或许应该再做一些研究。

■ 他们对这个产品／服务／概念不感兴趣。

■ 我得先吃午饭，不然无法思考。

■ 在开始之前，我得先准备一些办公用品。

■ 可能有人给我手机留言了。

■ 我一小时后还有会，现在不能打电话了。

■ 今天周五了，大家都准备过周末了。

■ 今天周一，大家刚过完周末，正在调整状态呢。

■ 已经有人联系过他们了，并没有成功。

■ 我需要查下邮箱，万一有人回复邮件呢。

发现、设计和表达：优秀说服者使用的技巧

在评估过你的信息、听众目标以及时间管理后，你就可以开始准备演讲了。这个过程的组成部分很简单：发现、设计和表达。这时，你的计划和期待可以让你几乎对任何事情都建立起信心。以下是优秀的说服者在准备说服材料时会使用的概念，供你参考：

1. 你用来演讲的时间有多长？

2. 你要在什么场合演讲（礼堂、办公室、教室等）？

3. 有多少听众？

4. 你是在舞台上演讲，通过电话，对着一个话筒，还是在人群中与他们交流？

5. 你会在一天中的什么时间演讲？听众是疲惫还是神清气爽？是饥饿还是心不在焉？你计划在演讲中途暂停休息一下吗？

6. 如果你提前知道可能会出现一些干扰，你可以有效避免它们吗？比如隔壁房间的噪声、外部的干扰、孩子的吵闹、车辆的来往、人们在房间中的四处走动、太耀眼的阳光，等等。

7. 你会事先检查一下演讲地点吗？你演讲的位置在哪里，听众的座位在哪里，这些你都清楚吗？

8. 有什么设备可以使用？比如投影仪、无线麦克风、白色写字板、电脑、黑板或者干擦板（有粉笔或马克笔吗？）

当你考虑到空间、地点、时间等细节因素时，你便可以开始设计你的演讲了——思考如何遣词造句。根据优秀说服者的经验，你要做的包括以下五点：

1. 引起兴趣。你的听众需要一个听你演讲的理由。你必须根据你选定的主题创造出有趣的内容。他们为什么要听你讲？你的演讲对他们有什么好处？在演讲开头就为听众提供一个他们应该聆听的理由，这样才能抓住听众的注意力。只有听众聚精会神，你的信息才可以有效地传达给他们。

2. 提出问题。你必须清楚地列出你要解决的问题。说服型演讲最好的形式就是指明一个问题，然后告诉听众这个问题会以何种方式影响他们。这样，你就可以向他们展示出你的演讲与他们有关的原因。为什么你的听众会产生这些问题？这些问题会如何影响他们？

3. 提供证据。证据能够支撑你的论点，证明你的观点是正确的。提供证据可以让听众信赖你的信息来源。证据包括例子、数据、故事、证明材料、类比以及其他支撑性材料，只要能够增强你的信息的可信度和一致性就可以。

4. 提供解决方案。你激发了听众的兴趣，提出了一个问题，提供证据支持了你的观点。现在你必须通过提供解决方案来解决问题了。你的产品、服务和概念如何满足听众的需求和渴望，如何帮助他们实现目标呢？

5. 号召行动。如果听众在听完后不知道下一步该做什么，你的说服信息就不是真正的说服信息。为了解决自己的问题，听众必须行动起来。你对采取行动的号召应该是你演讲的高潮。在准备号召行动时，过程不必太长、太痛苦。你表述得越具体、简洁，效果就越好。你建议大家采取的行动必须是切实可行的——让你的行动号召越简单越好。

上述结构可以帮助人们更好地接受你的信息，能让他们通过逻辑思考明确你想让他们做什么。如果听众从你的演讲中感受不到结构的存在，他们可能会更加迷惑，会去寻求自己的解决方案。如果你不够清晰、简洁、有条理，你的听众会更容易信任那些清晰、简洁、有条理的演讲者。一个优秀的说服者会让听众记住信息并对信息有所回应。你的观点容易记忆、理解并做到吗？你的信息是否有效，要看观众记住多少，而不是你说了多少。

让你的信息容易记忆

下面是一些让你的信息更容易记忆和产生更大影响的方法。

提供选择

当人们告诉我们应该去做什么，我们会本能地拒绝这种命令式的要求。人们需要做选择的自由和能力。如果违背他人意愿，强迫他们去做什么，他们在心理上会非常抗拒。他们需要找到方法来恢复自由——多是用说"不"的方式。避免这种情况的一个有效办法是多给他们几个选择，让他们自己做决定，让他们体会做决定的过程。优秀的说服者通常会提前准备好这些选择。

你如果必须把听众的选择限制为一项，那你必须向他们解释清楚原因。如果你的听众明白他们的自由为什么受到限制，他们会更容易接受这种限制。

另一方面，不要给听众超过三个选择。如果你提供的选择太多，听众可能一个也不会选。条理化的选项能让听众对事情有一种控制感。相应的结果是，他们会更加配合。要想选项有效，你需要仅给听众一个选择——你希望他们做出的那个。比如，"你希望我现在就为你展示，还是把 DVD 寄给你？"听众不管选哪个，对你来说都是合适的。

重复

重复是一种非常有效的说服工具。我们都知道，重复是学习方法的基础，它其实也是最好的说服方法。当一件事被不断重复时，它会在你头脑中留下印象，你的理解也会随之加深。重复会让听众熟悉你的观点，会让他们积极配合。

你需要多向听众重复几次，这样他们才可以准确理解你在说什么，你想让他们做什么。你在重复时可以使用不同的表达方式。优秀的说服者不会简单重复，而是会对同一个内容进行再次包装。每次你表达你的观点时，都可以使用新证据和新词汇，而不要像台老旧的复读机一样。

但是，你需要明白，过度重复也会让回报减少。你应该知道那种感觉：你听了一个你已经听过的笑话或者故事，或者又看了一遍已经看过很多遍的电视剧。一般情况下，你最好用不同的论证方法重复一个论点三次，最多不超过五次。

简明

让你的信息简短、简单。简明的表达能够让信息更清楚、更易记。确保你的演讲流畅、有才情，谨慎使用含混不清的语言，而要使用听众熟悉的术语和行话。复杂不会让听众印象深刻，反而会干扰你的信息。让你的信息简单、清晰、直接。

接种

优秀的说服者知道如何"接种"。这个概念来自医学领域，指注射极小量的病毒以避免患上该种疾病。接种会让人类的免疫系统准备好防御这种病毒，从而为抵抗真正的疾病攻击做好准备。在说服过程中，你应该首先为听众做好接种工作，防止他们受到对你或你的产品的消极评价的影响。听众也可能自行发展出与你的观点相反的观点，坚定与你的立场相反的立场。你需要向听众展现出他们观点以外的事实，告诉他们你知道他们的感受和想法。在听众还没有发问时，你就提前回答他们可能提出的问题，对他们可能听到的否定声音做出回应，这样会让你赢得更多尊敬，提高你的说服力。

想象一下，假如你的竞争对手到处宣扬你的产品是市场上最贵的，你需要让你的听众对这些攻击免疫。比如，你可以告诉他们，你的产品是市场上质量最好、最耐用，当然也是最贵的。这样，你就把缺点转换成了一个重要而积极的特点了。通过使用接种策略让听众免疫，可以让他们在听到竞争对手的恶意攻击时看到真相。

做好准备

不做准备就像开车却没有地图一样，或者更糟糕，没有方向盘。

你或许幸运地实现了你的目标，但在多数时候，你是无法成功的。准备和计划是成功说服的基础。为掌握这些技巧，你需要投入额外的时间和精力，需要自律，但是结果不会让努力白费。如果你想成为一个大师级说服者，而准备被你排在必做事项列表的最后（甚至还没登上列表），那么现在就是开始准备的时候了。谨慎、精心的准备会让你百发百中。你用于准备的时间会回报你10倍的成功结果。

蚂蚁和蚂蚱

　　一个夏日，一只蚂蚱在草地上跳来跳去，叫得十分开心。一只蚂蚁经过，费力地想把一粒玉米拖回蚂蚁洞。"为什么不来跟我一起玩？"蚂蚱说，"为什么要这么辛苦地劳动？""我在准备过冬的食物，"蚂蚁说，"我建议你也为冬天储备一些食物。""为什么要现在担心冬天的事呢？"蚂蚱说，"我们现在还有好多食物呢。"蚂蚁继续辛勤劳作。当冬天来临时，蚂蚱因为没有食物，几乎要饿死了。这时，他看到蚂蚁正在给大家分发他在夏天收集的谷物。

　　寓意：有备才能无患。在你需要说服之前，你就应该学会如何说服。

第十二章

说服力技能 10

完善与提升自我

> 如果我们把能做的事情都做了，我们会让自己大吃一惊。
>
> ——托马斯·爱迪生

有一个故事讲，两个住在山里的邻居总是在竞争，想看看谁更强。一天，甲向乙发起挑战，要比试谁能在三小时内砍下更多柴火。乙接受了挑战。甲开始时速度很快。他砍柴的时候，乙砍了十分钟就坐在一棵大树下休息。甲不相信对方会这样懒。让他吃惊的是，在整场比赛中，他的邻居每小时都会去休息十分钟。最终，三个小时过去了。甲一刻也没有休息，他以为赢家一定是他。但是让他感到诧异的是，他发现乙砍的柴几乎是他的两倍多。他根本不相信，喊道："不可能！你每小时都会去休息！"乙不动声色地说："我并不是在休息。我是在磨我的斧子。"

优秀的说服者都会坚持执行一份十分细致的个人发展与提升计划。他们知道笨鸟先飞的道理，因此让自己始终保持先机是最重要的。一般的说服者不会认为个人训练有用，他们认为努力工作就够了。他们认为自己早晚会找到答案，或许是通过阅读一两本书。他们认为跟着最优秀的人学习太昂贵了。而优秀的说服者知道，经验是最好的老师，我们的确可以从书本上学到很多，但是有一个专家引路会有效缩短学习进程。为了避免付出昂贵代价，细致的训练是一种必要的投资。这也是为什么成功的说服者可以做到事半功倍。你是否有过累得背都要断掉，却发现别人可以不费吹灰之力地追上你的经历？这种令你感到挫败的场景之所以发生，是因为一个成功的人通常有着完整的训练或个人发展计划。

如果不是每天都在学习和成长，你是不能被称为"真正受过教育的人"的——要通过周围人、你自己的经验、你的导师、你的教练、书本、培训课程、讲座以及其他介质学习。你应该将你每天的所学都应用到对你未来的设计和帮助当中。花点儿时间想一想白天发生了什么，你在什么方面做得好，在什么地方还需要改进？你是否在浪费宝贵的时间？没能参与培训，进行个人水平的提升，就像将自己辛苦赚的支票扔进垃圾桶一样。你就像一台电脑，如果不对自己升级，便会落后于时代，追不上未来。

听取专家意见

"我会自己想办法的"是一般的说服者最常见的一种态度，也是我们最大的障碍。最后我们或许真的能这么做，但也会经历巨大的痛苦、压力，花费大量的时间，浪费大量的金钱并犯很多错误。这种思考方式很常见，但不属于成功的说服者。成功的说服者知道，一些人已经掌握了他们需要的知识。在做一些超出他们专业能力的事情时，他们会选择站在巨人肩上，借助他人的力量来最大化他们的天赋、才能和力量。

优秀的说服者不会在他们的弱势领域浪费时间和精力。他们脱颖而出，是因为他们擅长发挥自己的特长，而把其他的留给专家去做。想想你认识和知道的最成功的人，他们大都会专心从事自己最擅长的项目，而不会在不擅长的领域浪费时间。这正是他们能够成功的原因。比如，你并没有专业的计算机方面的知识，却想建一个网站，你可能花费大量时间也做不好，且会让你的注意力从原本投入少量努力就能得到很好结果的事情上转移。即使你最终建成了网站，效果也不如直接委托专家建的好。你花费的时间和损失的金钱（因为你花了太多时间，效果也不好，收入受到了影响）都不值得。长期来看，你根本没有省钱，反倒是在浪费钱。

在从业早期，我也说过："我会自己想出办法的。能有多难呢？"这么多年过去了，这个想法浪费了我大量的金钱。我记得我去参加过一个关于股票的讲座，讲的是如何进行交易。因为附加课程的费用需要1万美元，于是我决定自己研究。结果我花费了比课程多两倍的时间才掌握这门课的内容。相反，那些参加培训的学生比我早做投入，学到了技能，成了优秀的证券交易人。我因为没有省下力气接受现成的培训而失败了。

我发现我人生和事业中遇到的所有问题和障碍其实都已经有人找到解决方案的那一天成了我生命中非常重要的日子。已经有人为我人生中遇到的所有问题找到答案了，我要么付钱请他们教我，要么到处碰壁，付出更多代价（我将付出更多金钱、时间、精力以及责任心）。成功的说服者并不在乎在技能学习方面花费多少钱，他们更在乎的是投资回报率。

你如果想学习开飞机，难道可以自学吗？你会找到最好的教材来研究，然后直接跳上飞机就去飞吗？不会，你当然不会！因为那样做的代价太大了——你会丢掉性命。如果你总是缺课、丢分，经历本可以避免的痛苦和沮丧，如果你从未实现过你的目标和渴望，那么现在是不是该去找那些已经掌握了这些技能的人呢？

太阳底下并无新鲜事，我们遇到的问题也并不是新问题。我们可能遇到的潜在挑战都已经被前人解决了。因此，当你发现已经有人解决了问题时，你为什么还要自己挣扎着去从头面对问题呢？总有人——讨论小组组长、教练或导师——可以帮助你改变自己的人生。找到那些领域中的专家，向他们请教，参加讲座和工坊，去大学上课。成功是一场开卷考试，答案就在你面前，只是需要你去寻找。

> 并不存在所谓"白手起家"的人。我们都是在千千万万他人的经验上成长起来的。那一个个帮助过我们，以只言片语鼓舞过我们的人，为我们性格的养成和观念的形成注入了能量，对我们的成功起到了同样的作用。
>
> ——美国专栏作家乔治·马修·亚当斯（George Matthew Adams）

你的个人成长项目

个人项目是由什么组成的？顶尖的说服者会利用多种方式，包括图书、音频、讲座以及训练项目。任何单一的方法都是不完整的，这些方法之间是相辅相成的。

一项个人成长项目的基础是图书，正如高中学习是大学学习的基础一样。个人成功专家博恩·崔西表示："如果你每天可以读书 30 分钟，那么你的年收入会翻倍。"其他一些研究表明，如果你每天读某个特定领域的书籍 30～60 分钟，几年后你将成为那个领域的专家。你该如何利用你的时间呢？我们知道，比起那些挣扎在贫困线以下的人，百万富翁花在看电视上的时间要少得多。我们知道，个人成长项目与收入水平之间有着强而直接的联系。

想想这些令人心痛的数据：
☐ 58% 的美国成年人在高中毕业后再也没读过一本书

- 42% 的美国大学生没有读过教材以外的书
- 2004 年，80% 的美国家庭没有购买或者阅读一本书
- 2000～2005 年，70% 的美国成年人没有去过书店

当然，对刚刚起步的说服者来说，阅读往往是自我提高的唯一途径，但单纯阅读并不是很有效。多数人无法记住并应用他们读过的所有内容，但是阅读这种方法可以帮助我们加深理解在小组讨论中或跟随培训师学到的内容。比起看电视，花时间在阅读和学习上当然收获更大。关于阅读的真相是这样的——作为一个作者，这是难以启齿的——读完一本书并将其中任何一条原则应用于实践的概率低于 1%。

音频课程是另一种增强学习效果的方式。想想你在通勤上花的那些时间吧。不要把那些时间都浪费在听收音机上，而可以听教育和励志类型的音频，把你的车变成一个学习工坊。

关注个人成长的时候，你可以充分调动你的大脑、知识和技能。当你开始使用这些个人资产时，你会发现以前未能调动的内在动力。你会产生一种紧迫感和方向感，这会让你获得更大的成功。你只有勇敢走出舒适区，去

> 你的收入增长多少，
> 要看你成长了多少。
> ——美国商业教练
> 哈维·艾克（Harv Eker）

尝试那些对你有难度、有挑战的事情，才可能真正获得成功。优秀的说服者能够学会培养对知识和个人成长的渴望。他们希望获得成长和进步，去完成他们以前无法完成的事情。当我们成长的能力和理解力水平提高时，我们的自尊、乐观性和成功率也会随之提高。

讲座和工坊是实现个人成长最大化的最有效的方式。你可以用两到三天时间集中学习，真正去研究一个特定的话题和技能。图书和

音频是一个好的开端，但讲座和工坊可以让你更上一层楼。如果想与一些志同道合的人相聚，除了讲座和工坊，你找不到其他方法。一群充满激情、精力充沛、兴趣一致的人聚在一起，会产生一种特殊的能量，而这种能量是这种学习方式独有的。通过讲座，我们常常可以获得巨大的能量，从而获得令人兴奋的新想法、策略和技巧。讲座和工坊也可以提供绝佳的社交机会，离开教室以后，你依然会从这些关系中受益。正是因为讲座和工坊的独特价值，顶级的说服者才会在年度计划中专门制订关于参加讲座和工坊的计划，提前做好培训安排并留出充足的资金。

列出导师或者教练能够提供的帮助，这是一种更快、更有力、更高效的提高个人能力的方法。优秀的说服者有多个导师和教练。导师拥有丰富、卓越的经验和知识，他们愿意与人分享他们的观点和优势，愿意为他人的职业发展提供支持。为什么导师是最佳选择？你遇到的情况，导师和教练都遇到过，都找到了解决方案，因此他们可以帮助你节省时间和金钱，让你经历更少的沮丧和失望。他们还会带来助手，为你设计真正的目标，提供符合实际的建议。

近些年，各种培训项目越来越受欢迎，产生的结果是令人欣喜的。我们可以把对工作技能的训练比作体育训练。以迈克尔·乔丹（Michael Jordan）和泰格·伍兹（Tiger Woods）为例，即便天分超常，他们依然花费了大量的时间、精力以及资源与最好的教练合作。作为专业运动员，他们知道为了激发最大的潜能，他们必须在知识广博、经验丰富、头脑超群的教练的指导下进行训练。你的专业领域是什么？你能在其中做到专业吗？如果你能像迈克尔·乔丹打篮球或泰格·伍兹打高尔夫球一样，你会变得怎样优秀呢？

请看以下的个人发展示意图，你能看到每种不同的个人发展方法与成功的关系——你花多长时间可以实现成功，以及成功的水平如何。

个人发展

成功率

教练/导师

讲座

图书/CD

自己研究

短期 —— 时间线 —— 长期

为了更好地展示教练深刻和长久的影响，我（根据顶级说服者的反馈）列出了教练和导师用来提高学员能力水平的具体方法：

角色扮演	提供支持
帮助你战胜恐惧	帮助你发展新技能
聆听你的演讲	帮助你与人沟通
帮助你提高自尊	帮助你提高自信
评估并提供反馈	帮助你承担责任
提供鼓励	给予你个人关注
帮助你为未来做准备	帮助你适应新环境
帮助你制订计划	

学员可以通过与优秀教练或导师合作实现的目标：

收入增加	沟通能力得到提高
生产力得到提高	士气得到提高
可信度得到提高	工作更稳定
自我认知更中肯	自信心得到提高
自我发展水平得到提高	技术水平得到提高
客户关系更稳定	团队精神得到提振

雇员关系更稳定　　　　　　　其他培训的效果得到增强

在提到导师时，你需要记住一件事：导师很少会去问你是否需要导师或教练。就像在初高中校园舞会上，所有人都靠墙坐着，希望有人上前请他们跳舞。你必须拥有去询问和邀请的勇气和激情。你需要理解，导师会花费你的时间或 / 和金钱。成功人士都会提到那些引导他们并改变了他们人生的导师。我们对仰视的人往往会产生畏惧和距离感，但事实上你会发现，如果你向他们请教，他们其实很乐于分享他们的想法和观点。我发现，很多成功者都愿意解释他们成功的原因，但是没有人去问。你去问过吗？成功者帮助你提升水平的意愿之强，会令你感到吃惊。找一位成功者吃午饭，向他 / 她请教。人们通常会惊奇地发现，向最优秀的人学习是多么容易，会令他们有多大的收获。很多说服者可能不懂得向成功人士学习，而优秀的说服者正是因为与优秀的说服者交往才会变得更加优秀。

布莱恩·崔西说："最好的公司有受过最佳训练的销售人员；差一些的公司有受过差一些训练的销售人员；第三类公司有着最差的销售人员，并很难维持经营。"

回报大于投入

关于个人成长项目的重要性，我们已经谈了很多，你或许会说，这如何才能实现呢？我们有时间或资源去看书或听 CD 吗？我该如何负担一个为期三天的密集训练工坊，或者更可怕的，一个长期的一对一教练项目呢？如果这种训练的确有效果，不论对于个人还是他们任职的公司，为什么雇主不把这种训练通过更便利的形式提供给他们呢？

不幸的是，很多人根本没有想通这些问题，他们对个人成长项目没有做出任何努力，连最基础的努力都没有。正如我此前提到的，多

数人在高中毕业后就不会再看一眼书。在说服力研究院，我们发现仅
有不到 5% 的人一生中会去参加一次讲座，还是出于工作原因。即便
是新手说服者，多数也只会去参加一次而已。

让问题更严重的是，我们希望能够支持和声援这些培训的力量事
实上却并不支持。很多企业管理者过于忙碌，不会对培训做出任何投
入，甚至对自己也不会进行此类投入。他们如果看不到培训对自身的
价值，一定也看不到培训对员工的价值。他们不相信培训可以提升员
工表现，他们需要的是结果的确定性。

我们会吃惊地听到一般的说服者说"这个道理我已经知道了"或
者"这件事我已经听过了"，但如果你问他们，为什么他们并没有那
么成功时，你会听到解释、借口、抱怨排山倒海而来。你从不会听到
一个顶级说服者说上面的话，他们就算听过某些内容，也愿意复习
一次。他们认为应该在某些方面继续努力，打磨一些技能，夯实一
些基础能力。你能想象一个职业篮球运动员拒绝进行持续、长期的
基础训练吗？你从不会听到他们说："我三分球已经很好了，不需要
再练习了。我已经知道该怎么做了。"你认为会有不天天练琴的钢琴
家吗？

平均来讲，优秀的说服者一般会将个人年收入的 5%～10% 用于
个人发展。如果你对在生活或者工作中接受个人发展培训还心存怀
疑，那么你应该记住，个人发展项目是一笔很好的投资——就像一个
税务会计师需要考虑的那样。优秀的税务会计师总会为自己，也就是
个人成长项目投资。这种投资的回报远大于金钱投入本身。说服力研究院发现，一般的说服者每周仅会在个人成长方面花费 1～5 小时。那么他们得到的是什么呢？当

> 人们对不能理解的事物总是心怀憎恨。
>
> ——西班牙哲学家摩西·埃兹拉（Moses Ezra）

然是一般的结果。猜一猜顶级的说服者在个人成长上花费多少时间？一周 5～10 小时。在另一项研究中，我们发现仅有 5% 的活跃的以说服为职业者会对个人成长进行投资。你猜结果如何？他们赚取的是最高的那 5% 的收入。

熟悉你的产品

毫无疑问，优秀的说服者对他们的产品、服务与业务非常熟悉。我发现优秀的说服者也会使用自己的产品或服务。通过亲身体验，他们会更了解客户体验。你必须对你的行业做到如数家珍。对优秀的说服者来说，没有一项内容会超出他们的知识范围。他们了解经济形式，了解行业，了解公司，也了解竞争情况。你投入的时间和精力会决定你与顶级说服者的相对位置。说服力研究院的数据表明，22% 的说服者认为，他们能做到熟练掌握信息。你对业务的这些重要方面了解多少？

客户	展示
行业	信用风险
交易期刊	可利用的培训项目
商业演出	市场动态
现有广告	商业新闻
安装协议	市场条件
年报	

你对产品或服务的每一个细节都了如指掌吗？你对竞争对手的情况了如指掌吗？为了更好地把握产品，你应该能回答下列问题：

■ 我的产品或服务的弱点是什么？优势是什么？

■ 目前的经济环境对我的业务是有利还是有害？

■ 我占有的市场份额有多少？我的竞争对手的占有情况如何？

■ 为什么客户要选择我的产品或者服务？

■ 我是否知道我与竞争对手的产品的下列信息：

价格构成　　　　　　　送货选择

保修服务　　　　　　　维修服务

产品线　　　　　　　　金融条款

服务记录　　　　　　　保证条款

营销或广告策略

知识就是力量

你学得越多，就越会意识到你知道得太少。我发现相反的情况也成立：你学得越少，越容易认为自己知道得多。正如老话所说，"无知和自大是一对好兄弟"。我们如果不在自己

> 如果你认为教育很昂贵，请试试无知的代价。
> ——美国教育家
> 德里克·博克（Derek Bok）

身上下功夫，就认识不到"知识就是力量"这个道理。我们生活在信息时代，如果你不投入时间学习，了解最新的科技动向，扩大自己的知识储备，你会落后于时代并很难追上。在当今世界，知识就是通往成功的钥匙。无数研究表明，那些持续学习和成长的人更成功，对待人生也更乐观。

将一般的说服者和优秀的说服者对培训和教育的态度进行对比，你会发现很有意思。一般的说服者会说"太贵了""我已经知道了"或者"我没有时间"，然后就没有下文了。他们根本没有仔细思考过这个问题就放弃了。优秀的说服者会去调查和研究，并会考虑这个问题的答案："我的投入能获得什么回报？"教育和个人成长向来不贵，无知和失败才是最昂贵的。

个人成长项目对你的表现和产出有很大影响。如果你每天都学习

成长，你的大脑就像表现良好的银行账户一样，每天都在产生复利。如果你停滞不前，你的大脑就像一张负债的信用卡一样，每天向你收取复利。

> 永远不要成为一个停止学习专业知识的所谓专家。将人生看作一个持续学习的旅程。
>
> ——丹尼斯·威特利

即便你曾经读过大学，拿过学位，如果你不能持续了解最新的研究发现，你既有的知识也终究会被淘汰。想象一下，如果一个外科医生在毕业之后再也不花时间学习会怎样。事实上，所有的医生必须接受一定量的医学培训才可以持有执照。世界变化太快，你不能指望一个学位就让你掌握全部知识。你如果不学习，大脑就会退化。

如果你不把控自己的学习，谁会把控呢？你不会因为工作辛苦就得到回报，只会因为做出成果才得到回报。要认识到，学习机会不会自动出现，你必须寻找它们，并让自己处于方便学习和消化的环境之中。你需要学会自律，找到拓展思维的方式。你如果不了解股票市场，就去参加培训，并开始练习投资。

停止制造借口

我们很多人都知道自己想要什么，但并不知道获得它们的必要途径和方法。即便我们十分想要，也常常会尽可能跳过那些最痛苦、最艰难的步骤。我们十分渴望实现我们的目标和梦想，但依然会逃避努力，保护自己远离莫名的恐惧。我们常常希望不劳而获，常常不去提升自己，却幻想自己的处境会得到改善。我们每天坐等，空想，期待能中大奖。如果你正是这样，你应该花一些时间好好照照镜子。就算等下去，你也永远不会等来成功。你只能咬紧牙关去做应该做的事。我很喜欢《自律的人生》（*The Disciplined Life*）的作者理查德·泰勒

（Richard Taylor）说过的一段话：

> 野心从来不会被轻易实现，即便这野心是某个人天生的禀赋。
> 只有野心的拥有者高度自律，能够通过训练、牺牲、自控、磨炼
> 以及实践的考验，它才可能被实现。

吉姆·罗恩，美国最伟大的演说家之一，也是我早期的导师，曾给我上过一堂关于责任的重要的课。我第一次见他时，正与其他十个人一起围坐在餐桌旁边。我坐在离他最近的位置，想听听他分享的经验。在对话过程中，人们突然安静了，他突然问到我的目标、梦想和渴望。我给他讲了很多我在追求成功的过程中遇到的障碍和困难。我列出了所有让目标和梦想无法实现的原因，我想让他知道应该去责备谁，这些都不是我的错。

我认为我表现得很好，紧接着就被浇了一头冷水。吉姆看着我说："科特，想让事情发生变化，你要先变化；想让事情变好，你要先变好。"这个简短的时刻永远改变了我的人生。正是在那个时候，我意识到我人生中想要追求的事情都应该以个人改变为动力去实现。我也意识到，借口不管是好是坏，都不会带来结果。

表现优秀的人们知道，改变对成功和提高说服力都至关重要。我们一旦理解了自己该如何去改变，就能帮助他人去改变。帮助他人改变是说服他人的重要方面。然而，人们多数时候对改变的抵触特别强烈。为什么这种拒绝很常见呢？我们只有通过改变才可以成为我们想要成为的人。我们能否做出改变，决定着我们在物质、精神、身体上拥有全然不同的体验。即使我们都懂这个道理，但我们中许多人依然蜷缩在舒适区。即便有时候成功已经唾手可得，他们还是太过眷恋舒适，而懒得去做出调整。

有时候，人们会惧怕变得"太过成功"。变得太成功或者太优秀

或许是件令人害怕的事。当成功来临时，你会感到一系列的责任压到你肩上。所以，到底应该多成功，多健康，多富有呢？人际关系网应该多强大呢？想一想美国作家玛丽安·威廉森（Marianne Williamson）说过的振奋人心的话：

> 我们最深的恐惧不是我们不够强大。我们最深的恐惧是我们强大无边。正是生命中的高光而非至暗时刻令我们感到恐惧。我们问自己，当我成功、华丽、美好、天赋尽显时，我是谁？事实上，谁又是你无法成为的呢？你就算自我贬低，对世界也没有好处。你就算退缩，也没有意义，也不会让你周围的人拥有安全感。

虽然我们每个人心中都向往伟大，但是我们常常只会付出最小的努力得过且过。也就是说，我们往往只会做最低限度的努力来保持生存。在我周围的大学生身上，我总能看到这种倾向。他们的思维方式是："我要怎么付出最少的努力通过这门课？"他们都为上学付出了巨额学费，但你很少会看到他们充分利用那些能够轻易得到的各类资源。在工作岗位上，我们看到的也是同样不愿自我改变的思维方式和惰性："我怎么做最少的工作能获得报酬而不被开除？"这种思维方式永远不会让我们感到快乐，只会导致我们大脑生锈的结果。

在不能尽快看到结果时，我们会感到沮丧，尤其是在付出巨大努力后。我们求速成，希望找到捷径。然而，人生并非如此。如果一个人要花一年时间才可以减掉 20 磅，为什么有些人认为他们几周之内就可以减掉同样的体重呢？这个原则反过来也同样适用。当我们意识到已经偏离轨道很远时，错过的时光已经无法追回，因为事实和结果是缓慢呈现的。不良饮食习惯就是一个例子。我们都知道垃圾食品不好，却惯于自我欺骗："昨天吃了汉堡，还吃了一大包薯条，也没什么后果。"这种不健康的饮食习惯带来的后果需要很长时间才会显现——有时需要几年——通常是以一种明显的方式。但是，享受美味快餐的那一刻经常让我们忘记对未来的担忧。想象一下，如果每次你在快餐店吃东西时都能立即感受到后果，每吃一口都会感到腰围增大一寸，那么你很快就会改变生活方式。

你会发现，一个人可以找到无数的理由拖延个人发展培训。下面的理由听起来是不是很熟悉？

- 我负担不起
- 太贵了
- 公司负担就好了
- 我没有时间
- 勉强度日已经很难了
- 我找不到更好的办法了
- 只看运气而已
- 我以前上过
- 承认弱点会让我感到难堪
- 我的工作太专业，没有人能够帮助我
- 压力太大，不知从何处开始

突破抑或后退

个人成长的另一个重要方面是学会如何应对阻碍、挑战和困难。优秀的说服者能够面对和征服困难。当你面对人生的打击时，你选择突破还是后退？在过去多年的研究中，我发现如何面对和处理挑战与困难定义了我们的身份。我相信你在人生中遇到的每一个困难和挑战都可以为你所用，让你的收入提升一个档次。这些决定性的时刻来临时，它们要么让你体会到持续的心理痛苦，要么会激发你的人生热情。

你是谁并不重要。无论你是谁，你都会不断接受测试。问问你自己这个问题："我会通过这个测试，还是会失败并不断重复这个测试？"我们要记住，失败的经验会让我们做出更好的准备，也会让我们变得更加强大。人生中发生的每一件事都会为我们上一课。不管它看起来多么无意义或者多么痛苦，你总能从中学到一些东西。你如何面对挑战会决定你是会享受还是忍受人生。你的人生是会给你借口还是力量？你是会开始自怨自艾还是会振作起来？海伦·凯勒说过："自怨自艾是我们最大的敌人，如果向它低头，我们会一事无成。"

> 机会通常会假扮为不幸或一时的失败。
>
> ——拿破仑·希尔

提升你的未来潜能

现在正是检视自我发展的最好时机。你有没有某些方面可以继续提高？每天，你要么学习，要么退化。要么更接近目标，要么更远离目标。要学会模仿你领域中最好的榜样，找到那些行业中最卓越的人，设定你努力的目标。成为领域内的专家，你必然需要付出努力和代价。不要满足于普普通通，把阻碍你前进的那些事情全部改变。每天都要锤炼你的技能。从困难和失误中不断学习。在每一次说服之后，都要问问自己哪些方面做得好，哪些方面做得不好。如果你不够成功，要让自己知道为什么。

去参加研讨会，去买书，去找教练，去买些能在车上听的课程。不要单纯根据价格判断，而是要从投资回报率的角度进行判断。我听过太多顶级的说服者说，是一场研讨会或一位导师改变了他们的人生。一般的说服者会说："给我讲些新东西吧，旧的已经对我没用了。"我记得我参加过一场价值 6000 美元的研讨会。我最初觉得太贵了，但我看到那些顶级的说服者毫不犹豫地报了名，于是我改变了想法，去参加了研讨会。那个决定最终提高了我的技能和收入，提升了我的生活水平。问题不是"需要花费多少"而是"如果我不去，会付出何种机会成本"。

青蛙和牛

"爸爸，爸爸，"一只坐在池塘边的小青蛙对爸爸说，"我看到一头巨大的怪物。就像山一样高大，头上长着角，身后拖着尾巴。""别害怕，儿子，"老青蛙说，"那只是农民的牛而已。它并不是很大。可能比我高点，但我也能把自己变成它那么大。不信你看。"然后，它就开始不断把自己吹胀。"我跟它一样大了吗？"老青蛙问它的儿子。"能比它还大吗？"小青蛙问。于是，老青蛙又把自己吹得更大，再次问小青蛙自己是不是像牛一样大了。"再大点儿，爸爸，再大点儿。"小青蛙回答。老青蛙深吸一口气，吹啊吹啊吹，不断膨胀。然后他说："我相信牛肯定不如——"就在这时，它爆了。

寓意：自我欺骗、否认、抱怨现状、缺乏自我发展计划不会带来好结果。

抓住机会，成就伟大

> 人类竞争的故事就是男男女女竞相推销自己的故事。
>
> ——亚伯拉罕·马斯洛

现在，你马上就要读完这本书了（只要你还没有跳过这段）。本书中提到了很多技巧和特质，现在就该进入到打磨、学习与掌握的阶段了。给你自己一些时间和空间，看看会得到什么结果。为自己设立较高的预期，并仔细观察你的世界、人际关系以及收入变化。作为人类，我们需要雄心勃勃地设立目标，激发我们内心的快乐和灵感。你期待什么、想要什么、渴望什么，就会吸引什么。

当你掌握了这些技巧，无论你将其运用到何种领域、何种行业中，你都会取得成功。你会拥有称心的工作，能做成一项事业，把控自己的人生，享有满意的收入。优秀的说服者通常拥有以下特质：

独立	激情
财务自由	热情
工作稳定	热爱生活
关系稳固	成功
掌控人生	

　　我对你和你做出改进的能力有信心。我相信你有能力去改变你周围的人，让世界变得更好。在总结之前，我想与你分享四条成功准则：

　　1. 不断提高自己。你借不到成功，也借不到说服的力量。你必须自己掌握所有技能。如果你想为周围人服务，掌握这些技能是至关重要的。这与你在飞机上遇险时的情况是类似的。在紧急情况下，空乘会先指导你戴上氧气面罩，然后去帮助周围的人。你如果不能先保护好自己，还没来得及帮助别人，自己就会晕过去，每个人都会输。

　　如果你不能说服自己，是很难说服别人的。将实现梦想和目标的具体事项一一记下来。记住乌比冈湖效应，去追求你的伟大梦想吧。找到改变人生的动力和勇气。人们都很容易满足于平凡，但是你知道你有更多潜能。充分挖掘这些潜能，意味着要去做你能够成功的那些事情。史蒂芬·柯维说得很好："很多体现了勇气的壮举产生于我们遇到刺激后产生反应的那一瞬间……"我们需要勇气才能认识到你比你的情绪和想法强大，两者都可以受到你的控制。成功可以教会你很多。根据你的天分、动力、性格、能力、长处以及弱点来设计你的成功之路，你会更好地说服自己与他人。

　　　　起初他们忽视你，然后他们嘲笑你，接着他们镇压你，但最终你赢得了胜利。

　　　　　　　　　　　　　　　　　　——印度政治家甘地（Gandhi）

　　2. 不要评判或批判这些原则。对我们不理解或不想面对的事情，我们常常会指责和嘲笑。这种倾向会阻碍我们成功。看到新事物时，多去尝试、实验、使用。本书中的原则是经过尝试与验证的，是很多成功人士的经验之谈。听取专家的建议，利用这些原则。结果会证明，你的选择是正确的。

追随，学习，听从，收获奖励。多向周围的成功人士请教，运用他们的战略，你将会永远改变自己的人生。

> 抛弃可行的方法，我们就抛弃了个人成长，就抛弃了多种可能。
>
> ——美国畅销书作家乔·维泰利（Joe Vitale）

3. 培养信念、毅力和决心。一对热恋中的情侣计划去乡下野餐。小伙子借了父亲的敞篷车，他们开车出发了。他们玩得很开心，该回家时还恋恋不舍。在回家的路上，姑娘突然过敏，需要水服药。小伙子靠边停车，去为她找水。不幸的是，打开后备厢时，他看到剩下的水都洒了，一点儿也不剩。这时姑娘已经感觉很难受了。

小伙子在附近找到了一个废弃的农场。他们开过去，看到了一个旧水泵。开到水泵前，小伙子跳下去就开始泵水。五分钟过去了，他额头上布满汗珠。十分钟过去了，他的肌肉开始酸痛。小伙子很想放弃，这时姑娘说："不不，别放弃。这里一定有水。再泵一泵。"于是小伙子又泵了五分钟，又泵了十分钟。他的胳膊疼得要死，但他依然继续。突然，清凉的水喷涌而出。小伙子的付出得到了回报。

我讲这个故事是想说，你永远不会知道成功来临的确切时间和具体场合。我们只知道，只要你持续努力，即便很痛苦，即便你不能立即看到结果，即便你疲惫不堪，你也终有一天会成功。你会看到自己的成功，会享受其中的快乐，会实现伟大的梦想。去努力，去实干，去实现真正的成功吧。

4. 找到自己的价值，充分挖掘自身潜能。我们到处寻找应对人生挑战的答案，却没有意识到自身才是关键。你比你想象得更接近答案。美国励志演说家拉塞尔·康威尔（Russell Conwell）常常会讲一个他在美索不达米亚的骆驼商队中听到的故事——一亩宝石的寓言。这个故事的主人公是一名波斯农民阿里哈非得的。阿里哈非得的生活过得不错，有一天，他在一个佛教徒那里听到了一个关于宝石的故事。传说如果你走得足够远，找得足够努力，你会找到无数的宝石，价值大到足足可以买下一个国家。如果拥有这笔财富，阿里哈非得将成为一个有巨大影响力的国王，可以将王位传给自己的后代，世代享有荣华富贵。

抱着这个追求无数财富的梦想，阿里哈非得每晚睡前都会感受到痛苦和渴望。最终，他离开了他的家人，变卖了农场，开始去寻找那些宝石。他花了很多年寻找，其间失去了所有的钱财也未能找到。难过、气馁和沮丧的感觉包围了他。他跳进大海，再也没有出现。

在阿里哈非得的农场上，有一天，新主人在溪水前喂骆驼喝水。他向四周看时，阳光正好照在他右边的一块黑色石头上。从那个角度，他清晰地看到了宝石的色彩和光芒。具有讽刺意味的是，阿里哈非得卖掉的农场正是一座有史以来最大的宝石矿。如果他仔细看看，他将在自己的农场里发现巨大的财富。

不要让这种情况发生在你身上。改变人生的视角，去寻找自己大脑中的宝石。你不需要跋山涉水，宝石就在离你最近的地方。你追求的伟大、天分与潜力，都比你想象中更近。当你看清这一切，你会发现你的内在潜力和价值。不要让自我怀疑的迷雾、朋友的批判甚至媒体告诉你该去哪里寻找宝石。通过你自己的天分、能力和经验，你会得到财富和成功。一颗未经切割和打磨的宝石不会像一颗精心打磨过的宝石那样发光，这对你构成了挑战。很多人会根据你平淡的过去判断你不会拥有辉煌的未来。但只要你不断发展、学习、改进，你便能挖掘出你自己的宝石，开始闪闪发光。做好准备，用聪明的方法努力工作，你最终会得到想要的东西。那时，你手中的宝石将会超出你的预期。

图书在版编目（CIP）数据

说服力的十堂课 / (加) 科特·W. 莫滕森著 ; 高天
亮译. -- 北京：九州出版社，2021.11
　　ISBN 978-7-5225-0507-7

　　Ⅰ. ①说… Ⅱ. ①科… ②高… Ⅲ. ①说服—语言艺
术—通俗读物 Ⅳ. ①H019-49

中国版本图书馆CIP数据核字(2021)第190882号

Persuasion IQ: The 10 Skills You Need to Get Exactly What You Want.

Copyright © 2008 Kurt W. Mortensen. Published by AMACOM, a division of American Management Association, International, New York. All rights reserved.

著作权合同登记号：图字 01-2020-4825

说服力的十堂课

作　　者	[加] 科特·W. 莫滕森　著　高天亮　译	
责任编辑	李　品　周　春	
出版发行	九州出版社	
地　　址	北京市西城区阜外大街甲35号（100037）	
发行电话	（010）68992190/3/5/6	
网　　址	www.jiuzhoupress.com	
印　　刷	华睿林（天津）印刷有限公司	
开　　本	690 毫米×960 毫米　　16 开	
印　　张	16	
字　　数	207 千字	
版　　次	2021 年 11月第 1 版	
印　　次	2021 年 11月第 1 次印刷	
书　　号	ISBN 978-7-5225-0507-7	
定　　价	45.00元	